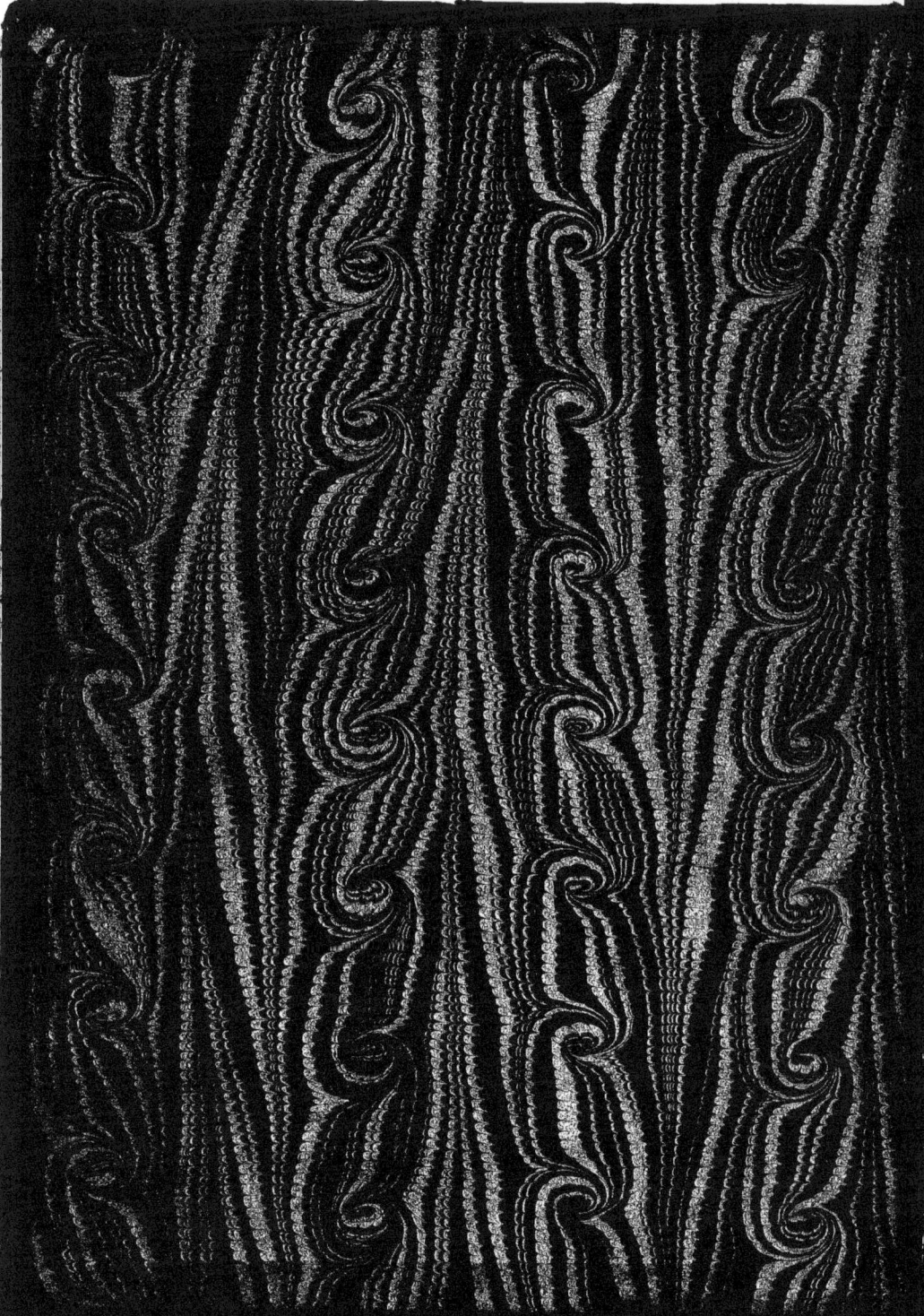

S^t V
1617

LE SALON DE PARIS

ILLUSTRÉ

TIRAGE D'AMATEUR

100 exemplaires sur Japon avec les gravures hors texte, en noir, *avant la lettre*, et une deuxième suite des mêmes gravures, en bistre, *avec la lettre*, numérotés 1 à 100.

1884

LE SALON
DE PARIS
ILLUSTRÉ

ORNÉ DE 130 PHOTOGRAVURES TIRÉES EN NOIR ET EN COULEUR

Texte par M. JACQUES DE BIEZ

PARIS
JULES LEMONNYER, ÉDITEUR
53 BIS, QUAI DES GRANDS-AUGUSTINS

1884

PRÉFACE

Il est bien entendu que la première impression du Salon qui s'ouvre n'est jamais absolument favorable. Pour peu qu'on soit appelé, comme nous le sommes dans la critique depuis quelque trois ans, à parcourir l'Exposition plusieurs jours avant l'inauguration, pour les besoins de l'actualité avant la lettre, il est rare qu'on échappe au malaise qui emplit ces trente-trois salles vides de monde. Dès l'entrée, on se sent comme pris au front par le souvenir de l'an passé. L'œil a soudain la vision rétrospective. On voit devant soi marcher le fantôme brillant des succès de l'année précédente. On juge du premier coup le Salon nouveau par le Salon ancien. Et, comme on n'aime un Salon qu'après avoir dépensé beaucoup de temps à y faire des découvertes, il arrive tout naturellement qu'on n'aime pas follement un Salon où l'on n'a pas encore eu le temps de rien découvrir, puisqu'on y entre à peine.

En ceci, le métier de critique a des traits communs avec celui de navigateur. Ce qu'on préfère dans un voyage, comme le voyage de Colomb par exemple, ce n'est pas le départ qui est l'inconnu, ou l'obsession de ce qu'on laisse, c'est l'arrivée qui est l'Amérique trouvée, la conquête. Or ce qui rend surtout très sympathique une Exposition nouvelle, c'est la conquête qu'on en fait.

L'habitude aidant, cette conquête peut s'accomplir assez rapidement. Il suffit d'un peu d'efforts, de quelque empire sur sa propre mémoire pour se débarrasser des souvenirs qui empâtent la pensée et alourdissent l'initiative. Un à un, on sent s'effacer les reflets qui obscurcissaient le Salon d'aujourd'hui. Bientôt, le brouillard de l'an dernier s'étant enfin levé, le jour qui se montre dans notre esprit allume la cymaise autour de nous, et il fait clair dans le Salon nouveau.

A l'heure actuelle, ce Salon de 1884 me paraît assez libéré de tout parallèle avec son prédécesseur immédiat, pour qu'il soit aisé de s'en expliquer librement.

L'idée générale qui s'en dégage est que ce Salon s'offre à nous dans les conditions ordinaires de la somme de talent considérable observée depuis plusieurs années. Somme de talent si considérable, qu'on incline à lui adresser un reproche de monotonie, comme à ces airs d'opéras célèbres, fastidieux à force d'être célèbres, lieux communs de la gaieté de nos rues, tombés qu'ils sont dans le domaine public de l'orgue à manivelle.

A force de monter, le niveau du talent est devenu mer pleine, et qui plus est, mer calme. Calme il est, ce Salon de 1884, par son atmosphère raréfiée de chefs-d'œuvre ; calme aussi par la période de trêve qu'il marque dans les annales de notre art contemporain.

Le passeport délivré à ce Salon de 1884 pourrait porter en marge ce signe particulier : qu'il est un Salon de lauriers pour l'École de la vie moderne.

Fût-on animé des intentions les moins libérales, comment ne pas tenir compte de la tonalité générale de cette Exposition de 1884 ? D'une extrémité à l'autre, ce Salon est un Salon de peinture claire. Tous ou presque tous ont renoncé aux jus sombres et bitumineux qui nous venaient de ces peintres que M. Paul Mantz a si justement appelés les derniers cuisiniers de Bologne.

Quant au sentiment général, il est aisé de voir combien il s'écarte de plus en plus des traditions conventionnelles que les Écoles se passent de main en main, loin, très loin de l'observation directe de la nature. Le tableau à sujet classique est à peu près totalement disparu. La *Mort de César* ou le *Serment des Horaces* est partout remplacé par la scène de la vie usuelle, où l'observation des détails de nos mœurs présentes se marie sans trop de mésalliance à une réalité saine, cette réalité où nous sommes contraints tous, et où il existe souvent une assez forte dose d'art pour permettre à des artistes comme les Goncourt, Flaubert ou Alphonse Daudet d'être de délicieux artistes.

Ceci m'amène logiquement à signaler le parallélisme du développement de la peinture et de la littérature. Les peintres d'aujourd'hui, — j'entends ceux qui obéissent à Lamartine lorsqu'il disait qu'un artiste ne saurait jamais trop être de son temps, — emboîtent le pas aux succès de la littérature. Leurs toiles sont écrites dans le style réaliste des romans célèbres du jour. Toutes sont conçues dans l'esprit de George Sand déclarant que le roman doit être l'histoire de ceux qui n'ont pas d'histoire.

Est-ce à dire que la peinture de nos jours soit le moindrement littéraire ? Point, puisque le sujet en est le plus souvent chassé. Il importait seulement de rappeler que c'est toujours aux littérateurs qu'est dévolu le soin d'imprimer un mouvement aux idées d'une époque.

Aussi bien, sont-elles nombreuses au Salon de 1884 les toiles qui racontent non pas une anecdote, mais qui montrent tout simplement une scène de mœurs, scène parisienne ou scène rustique, quand c'est M. Béraud avec la *Salle Graffard*, ou quand c'est M. Lhermitte allant chercher le caractère et le style dans la vie épique du travailleur des champs.

La préoccupation du sujet ainsi écartée, l'attention de l'artiste devait fatalement se porter sur un autre point. C'est la technique du métier qui l'a emporté. L'art de peindre, comme celui d'écrire, s'est en grande partie concentré sur l'attrait des effets plastiques. L'œuvre a puisé toute sa valeur dans la virtuosité de la difficulté vaincue. Le récit du détail d'une histoire sans histoire a grandi de tout le mérite de l'exécution. Et l'art, ainsi présenté par le relief des choses, leur ronde-bosse ou leur couleur, n'a plus eu d'intérêt qu'en raison du succès matériel de la mise en œuvre.

PRÉFACE.

De là, cette étonnante fécondité de talent, cette prestigieuse habileté que je signalais plus haut, et dont l'universel épanouissement rappelle ce jugement un peu brutal, mais bien en situation, de Saint-Simon parlant du duc d'Orléans : « Ce prince dont la facilité se pouvait appeler un dévoiement. »

Loin de moi l'idée d'ouvrir ici le feu de la polémique. D'abord, le lieu ne m'y invite point. Et puis, j'ai dit qu'il y avait trêve. Encore que les deux portraits exposés par M. Cabanel affirment un merveilleux talent, et soient deux très belles œuvres, la lutte pour le moment entre l'art officiel et l'art indépendant me paraît au moins suspendue, sinon terminée. Paix ou armistice, les lauriers ne sont pas du côté de l'art académique. S'il est vrai que M. Bouguereau soit, avec sa *Jeunesse de Bacchus*, le Vercingétorix de la présente victoire de l'art moderne, voilà le rôle de la critique singulièrement modifié. Hier, soldats bataillant pour un principe, chevauchant l'idée folle ou saine ; aujourd'hui, gardes-champêtres réduits aux modestes fonctions du procès-verbal.

L'heure est venue de vider nos encriers du salpêtre qui les faisait tonner. C'est bon, ou c'est mauvais : voilà le dernier refrain qu'il nous soit permis de chanter pour nous aider au travail. Reste bien encore l'exposition des motifs. Mais le clou paraît bien faible pour accrocher notre grosse artillerie de siège, bombardant le vieux monde. Pourtant, ce Pourquoi des choses demeure toujours intéressant à découvrir. Et c'est lui qui fera tout le fond de l'étude que nous commençons aujourd'hui. Nous la ferons de bonne grâce, à fleur d'épiderme pour ne blesser personne, en toute admiration des efforts dépensés et en pleine sympathie pour la sincérité émise.

La grande quantité d'œuvres que nous nous proposons de reproduire ici me dispense de pousser plus avant mes investigations dans le domaine des idées générales. La discussion menée au courant du texte, et en présence des œuvres elles-mêmes, en dira beaucoup plus sur la situation de l'art français en 1884 que la meilleure des théories, fût-elle la plus ingénieuse du monde.

Un livre ainsi présenté ne paraît-il pas très conforme à nos goûts modernes ? Il n'y a plus guère de place dans nos habitudes de vie hâtive, dans nos mœurs de gens pressés, pour le livre d'art tel qu'on le comprenait il y a quelque vingt ans, où trop peu d'illustrations venaient alléger les discussions de principes par la grande lumière de l'image multipliée. Le livre d'art tel que le présentent aujourd'hui MM. Alix, Dumont et Chauvet, qui sont des artistes, a ce mérite considérable qu'il porte sur lui l'estampille de son époque, époque de clarté, de discussion aisée, et de difficultés simplifiées.

D'autre part, le Salon annuel de mai occupe une place si considérable, que six semaines d'exposition ne suffisent plus à la satisfaction générale. La vie artistique est à ce point inféodée à la vie parisienne, que cette brillante actualité du printemps s'impose désormais comme une actualité de toute l'année.

Par les albums, la photographie et la gravure, le Salon est entré dans les bibliothèques, où il trône comme un témoignage vivant de la marche de notre art national. Grâce aux admirables moyens de reproduction dont la science et l'industrie modernes disposent, on peut dire que le Salon sort tous les ans de son palais des Champs-Élysées pour devenir le confident des intimités du foyer.

Ainsi écrite en caractères artistiques, par les procédés perfectionnés dont les éditeurs de ce volume se sont rendus maîtres, la Cymaise, la fière Cymaise est devenue pour tout le monde, amateurs et bibliophiles, un compagnon des loisirs délicats, un véritable livre de chevet.

Un mot maintenant pour expliquer le programme adopté pour le présent travail. Ce programme sans ordre apparent, exécuté comme au hasard des salles, de l'ami qui vous entraîne ou de la lettre alphabétique qu'on rencontre, sans recours à l'ancien classement par genres ou par espèces, nous a paru assez conforme à l'étude d'un Salon plutôt uniforme, plutôt monotone même que tempêtueux ou tumultuaire, comme il était au temps où l'on refusait Corot et où l'on rejetait Manet. La distinction d'habileté une fois établie, il ne reste plus dans cette Exposition présente assez de différences entre les sujets, et les frontières ne sont plus assez visibles entre les genres, pour qu'on ne puisse pas s'accommoder d'une excursion de cette nature, dans un Salon où l'on croit voir, à peu d'exceptions près, tous les membres d'une même famille réunis pour faire la paix à la fin d'un long procès, le procès de l'art académique contre la vie moderne.

La paix conclue, je souhaite ardemment qu'elle ne soit point éternelle. L'art vit de lutte. L'esprit meurt d'inertie. Il y a un danger évident pour la vitalité de notre art dans cette phase d'accalmie qui caractérise le Salon de cette année. A la longue, le bruit de la victoire se perd dans le silence de la paix; en même temps, le prestige s'efface et les lauriers sèchent qui ne sont pas renouvelés. La victoire remportée, si victoire il y a, vite à l'œuvre, et cherchons quelque nouvelle querelle au sphinx de l'art, qui est l'essence intime de la vie des êtres et des choses (1).

---

(1) Peut-être l'avons-nous déjà formulée devant nos yeux, cette lutte de demain, par le *Bois Sacré* de M. Puvis de Chavannes?

Dans une société comme la nôtre, qui est et veut être rationnelle et positiviste, le triomphe de cet artiste est un fait sociologique. La contradiction entre nos tendances et notre admiration est ici trop notoire, pour ne pas porter en elle quelque signification d'avenir.

Lecomte du Nouy. — *Le Marabout prophète Sidna Aïssa.*

1884

LE SALON DE PARIS
ILLUSTRÉ

A. Beauvais. — *L'Écho.*

Alfred LANSON. *Le Sphinx.* — Il ne me déplaît pas de placer au seuil de ce travail cette effigie du monstre égyptien, symbole de Neith. C'est moins comme déesse de la Sagesse que Neith m'intéresse ici, que comme incarnation de la plus troublante des idées générales. Transportée des environs de Thèbes en France, Neith est devenue le *Que sais-je?* de Montaigne, le *Pourquoi?* de nos jours.

Sainte-Beuve et, avant lui, Courier, avaient imaginé les idées de « derrière la tête ». Cela signifiait quelque chose comme les idées de derrière les fagots, l'idée bonne, rare, l'idée des grandes occasions. Le *Sphinx* est une idée de « par-dessus la tête », quelque chose qui domine notre entendement et pèse sur notre volonté comme le poids pèse au bout du bras de l'athlète.

M. Lanson est un jeune statuaire d'aspirations gallo-florentines. Soucieux parfois de reposer sa verve dans l'étude des curiosités ondoyantes de son temps, il aime par-dessus tout à laisser voler son inspiration sur les Olympes où habitent les demi-dieux. Il affectionne les hautaines traditions de la statuaire dans ce qu'elle conserve de plus plastiquement décoratif. Le choix du sujet, l'expression générale, l'allure des lignes fondamentales, soulignent chez lui l'intention d'écrire sa pensée en un style sévère.

Dans son *Sphinx*, comme dans son *Age de Fer* qui obtint il y a deux ans un si vif succès, M. Lanson marie très noblement l'interprétation ornementale à l'interprétation sculpturale. Les modelés de son corps de jeune homme sont à la fois savants et fermes. Et on sent que si l'artiste est vivement impressionné par le caractère puissamment décoratif de son œuvre, il aime aussi à en chercher les pures essences de forme.

Ce qui plaît surtout dans cette composition magistrale, c'est l'heureux caractère d'élégance que le sujet emprunte à la jeunesse. Dans cette ligne souple et délicatement écrite autour d'une chair ferme et fraîche, du visage à l'extrémité des jambes, on est séduit par l'air juvénile qui circule partout. Cet étonnement qui a fixé le regard, qui l'arrête en quelque sorte, est lui aussi d'un attrait bizarre. La surprise de la naïveté y est inscrite en caractères étranges. Ce n'est pas seulement par le monstre qui est là, grimpant, tordu sur lui-même comme un point d'interrogation, que le groupe de M. Lanson est le *Sphinx*, c'est surtout par l'allure énigmatique de l'ensemble. Quel âge a-t-il ce jeune adolescent, qui est moins OEdipe que la jeunesse elle-même, la jeunesse arrêtée au seuil de la vie par l'éternel *Pourquoi?* de tout ce qui l'environne?

Il a cet âge indécis, flottant, qui oscille entre les appétits de la vingtième année et les délicates naïvetés de quinze ans, l'âge où l'âme s'éveille à toutes les surprises de la vie, fraîche et fine de ton, comme une feuille d'acacia s'ouvre aux premiers soleils d'avril.

Quinze ans! La pierre tendre du chemin dur de la vie. L'âge des appels à la

Dantan. — *Un Atelier de Tourneur.*

cavalcade des illusions qui passe là-bas dans le nuage argentin du rêve rapide, et folle comme une nuée de jeunes chevaux poussant leur course dans les sables de la plaine. Quinze ans! L'âge des nuages roses. Une aube, une aurore, un seuil.

Quinze ans! Tout est là-bas, en face, dans l'inconnu qui tremble à la cime des arbres d'un lointain invisible. Quinze ans! L'attente, l'herbe du bonheur, l'étonnement, l'espoir. Première douceur, premier contrôle du cœur, l'octroi où l'on paye son premier droit d'entrée dans la vie.

Quinze ans! L'avenir qui commence, le jour qui se lève, allumant une à une les oreilles du Sphinx.

Que raconte-t-il ce groupe de M. Alfred Lanson, sinon toute cette énigme qui nous attend tous sur le pas de la porte, au moment où nous sortons des jardins de l'enfance pour entrer dans ce temple de guerre, qui est le temple de la vie?

Tout est énigme en lui, depuis son geste général, profondément mythique, jusqu'aux formes indéterminées des deux figures. L'artiste, pour le dessin de son monstre, avait à respecter la tradition égyptienne qui fait du Sphinx, l'image de Neith, un être à corps de lionne sous une tête de femme. Il a tenu aussi, pour accroître le caractère mythologique de son groupe, à donner à son être humain une anatomie qui, pour savante qu'elle soit, n'en montre pas moins une race imaginaire. Le style de l'œuvre exigeait cette violence faite aux exigences réalistes de notre temps. Qu'il soit ou non Œdipe, ce jeune homme vit plus haut que nous, il habite un monde où plane une poésie supérieure ; et ses airs de tête, l'élégance de ses lignes, l'ampleur calme et limpide de son geste, tout cela révèle en lui le demi-dieu, quelque chose comme un courtisan de l'Olympe, un gentilhomme du palais des Dieux, un garde du corps de l'auguste Jupiter.

Conçu dans des proportions qui dépassent la nature, le sujet rend à la sérénité de l'art ses plus nobles droits. Ici la reproduction fidèle du modèle ne suffit plus. L'interprétation doit entrer dans l'œuvre à une dose élevée et y souffler la vie de l'idéal, comme l'âme, en prenant possession de notre corps, y souffle la vie de l'esprit.

La mesure, si nécessaire au prestige d'une œuvre de statuaire, se manifeste alors par une vive connaissance des lois anatomiques, par le choix heureux d'une nature élégante et surtout par une fière insistance sur les grands plans de construction venant subordonner les détails qu'on laisse courir et se dissimuler sous les accents et la ponctuation des grandes divisions du corps humain.

Parti de ces principes qui assurent à la statuaire sa résistance et sa solidité caractéristiques, le *Sphinx* n'a point été écrit dans son style sévère en vue de plaire aux sentiments vagues du public élégant et mondain des Expositions.

Le choix du sujet, l'expression générale, l'allure des lignes fondamentales, décèlent clairement l'intention de l'artiste. M. Lanson a eu en vue, ici, une œuvre d'art pur et simple, s'adressant aux artistes, également distante des sacrifices à la mode et des concessions à ces faciles succès qui s'évaporent d'une année à l'autre dans le ciel variable des actualités parisiennes.

Le *Sphinx* attend de la sérénité blanche et veloutée du marbre, sinon sa consécration, au moins son enveloppe définitive.

M. COESSIN DE LA FOSSE. — Un joli feuillet blanc de la poétique histoire des côtes de l'Océan. Cette *Procession au pardon de Ploumanach* est un trait de la vie mystique de la mystique Bretagne. Le texte de cette page, empreinte d'une douce rêverie, est écrit dans les consonances locales. On y retrouve les échos rêveurs de M. Jules Breton. Ici, la poésie des idées, comme chez le peintre de la *Première Communion dans les blés*, vit en paisible association avec le pittoresque des effets de la nature.

LANSON Le Sphinx

Sans doute nous l'avons déjà vue, cette procession qui déroule autour d'un calvaire sa catégorie d'enfants, de fillettes en blanc et de matelots endimanchés. Peut-être même la devinons-nous, là, tout près, dans le voisinage, sous la signature de M. Jules Breton. Néanmoins, il faut lui reconnaître tout son charme à cette toile, où l'on voit passer sur les falaises du fond, mordues par le vent, l'âcre fraîcheur des rives de l'Océan.

Un bon zéphyr de mer souffle dans cette gaze blanche des voiles de tête des fillettes. Et ce batelet, joujou des enfants de troupe de la mer, est d'une observation

TATTEGRAIN. — *Convalescente*.

délicate, porté ainsi en triomphe tout armé, sur un pavois comme un petit Pharamond, par les épaules de ces bambins.

Là-bas, à gauche, le décor bleu de la mer, la mer en fête elle aussi, calme sous la gaîté du soleil, jette là une note fine, comme ces paysages de Galilée que M. Renan, un Breton, a semés comme fond à sa *Vie de Jésus*. Nous sommes là évidemment en plein domaine de la religiosité.

Religiosité naïve, instructive, simple comme cette effigie dorée de la madone de bois qui surmonte le groupe des jeunes filles, et souple aussi comme les plis de ces bannières secouant leurs broderies à la brise saline qui monte des flots apaisés de ce lointain transparent.

Religiosité pieuse et toute pleine d'invocation, qui a donné naissance à ce proverbe breton : « Secourez-moi, grand Dieu, à la pointe du Raz, mon vaisseau est si petit et la mer est si grande! »

Population étrange que celle de la Bretagne *bretonnante*, où la religion, j'entends l'esprit religieux, est à ce point infusé dans le sang de la race, que la religion, comme l'a dit Michelet, y a surtout une influence politique, et que le catholicisme y est, comme en Irlande, « cher aux hommes comme symbole de la nationalité ».

Aussi bien, ces « pardons » de Bretagne ont-ils un caractère particulièrement local et toujours intéressant à peindre, puisqu'ils sont non seulement la religion d'une population, mais encore la Bretagne et qui plus est l'esprit français, circulant au milieu des vieux souvenirs celtiques et gaulois. C'est la France revenue à son berceau, par la seule philosophie permise aux peuples primitifs ou d'esprit simple, la foi religieuse.

M. DAUX. — Il n'est point d'idée vieille, paraît-il, quand l'agrément du talent sait la rajeunir. Cette *Tentation de saint Antoine* est un des rares tableaux à sujet qu'on voit dans ce Salon de 1884. Encore est-ce bien pour le plaisir du sujet que le peintre nous a montré une nouvelle image de la vieille histoire du vieux ermite, qui vivait dans la Thébaïde, « au haut d'une montagne, sur une plate-forme arrondie en demi-lune », dans une cabane « faite de boue et de roseaux, à toit plat, sans porte », comme dit Flaubert?

A vrai dire, je vois plutôt là un prétexte à faire de jolis morceaux : morceaux d'étoffe et morceaux de nu, encadrés dans un arrangement de lignes pittoresques. Le thème de la *Tentation de saint Antoine* est un thème si vénérable — par l'âge, — qu'il n'y aurait pas d'excuse à lui demander désormais autre chose qu'un développement plastique. C'est ainsi que M. Aimé Morot l'avait compris, il y a deux ans. C'est ainsi que Flaubert y travailla vingt ans de sa vie dans l'intention dominante d'en tirer un livre de forme et de style, plus encore qu'un travail d'érudition. C'est ainsi que M. Daux me paraît se présenter aujourd'hui à l'appréciation de la critique.

A ce titre, il a merveilleusement réussi. M. Daux se montre ici un très

CASANOVA. — *Un Théologien.*

habile virtuose de la palette et du dessin. Ses femmes sont jolies et d'une souplesse d'exécution pleine de séduction. La femme couchée à terre est terriblement provocante. On sent circuler sous son épiderme toutes les vénustés du sexe des tentations. Le contraste n'en est que plus heureux avec l'attitude troublée, la raideur contrainte, l'épouvante du pauvre saint.

Très heureuse d'effet la flèche lumineuse qui sillonne le mur de fond. L'éclat en est vif. Ce coup de lumière rampante jette la note joyeuse du rire dans l'austérité de la cabane qu'elle déchire sous la balafre de sa gaîté. Il semble qu'on entende la voix de la reine de Saba crier au saint dans sa vision : « Ris donc,
« bel ermite ! ris donc ! je suis très gaie, tu verras. Je pince de la lyre, je danse
« comme une abeille, et je sais une foule d'histoires à raconter, toutes plus
« divertissantes les unes que les autres... Oh ! si tu voulais, si tu voulais...
« J'ai un pavillon sur un promontoire, au milieu d'un isthme, entre deux océans.
« Il est lambrissé de plaques de verre, parqueté d'écailles de tortue, et s'ouvre
« aux quatre vents du ciel. D'en haut, je vois revenir mes flottes et les peuples qui
« montent la colline avec des fardeaux sur l'épaule. Nous dormirions sur des
« duvets plus mous que des nuées, nous boirions des boissons froides dans des
« écorces de fruits, et nous regarderions le soleil à travers des émeraudes !... J'ai
« des suivantes de quoi faire un harem, des eunuques de quoi faire une armée.
« J'ai des armées, j'ai des peuples ! J'ai dans mon vestibule une garde de nains
« portant sur le dos des trompes d'ivoire... Viens !... Préfères-tu un corps froid
« comme la peau des serpents, ou bien des grands yeux noirs, plus sombres que
« les cavernes mystiques ? Regarde-les, mes yeux ! Toutes celles que tu as ren-
« contrées, depuis la fille des carrefours chantant sous sa lanterne jusqu'à la patri-
« cienne effeuillant des roses du haut de sa litière, toutes les formes entrevues,
« toutes les imaginations de ton désir, demande-les ! Je ne suis pas une femme,
« je suis un monde. Mes vêtements n'ont qu'à tomber, et tu découvriras sur ma
« personne une succession de mystères !... Tu te repentiras, bel ermite, tu
« gémiras ! tu t'ennuieras ! Mais je m'en moque ! la ! la ! la ! oh ! oh ! oh ! »

Voilà comment Gustave Flaubert l'a chantée, lui, la *Tentation de saint Antoine*, curieux surtout du pittoresque de la nuit en scène et des effets du style.

D'autre part, l'esprit du jour, un peu incrédule, l'esprit français, toujours sceptique, ne veut pas qu'on raconte la légende de l'ermite de Thébaïde, autrement qu'en verve de bonne humeur. Depuis Callot jusqu'à M. Daux, la *Tentation de saint Antoine* a rarement été l'objet d'un récit triste.

La chose s'explique aisément par la nature même du sujet. Je n'ai point à y insister. Je constate seulement que M. Daux a eu garde de n'y pas souscrire, à cette tradition humouristique, et, qui plus est, sa franche gaieté apparaît doublée d'un joli talent.

TRUPHÊME. — La *Classe de chant* est une composition d'un joli aspect de modernité. C'est une salle d'école populaire. L'enseignement de la musique fait

BERTRAND (JAMES). — *Ophélie.*

partie du programme, et l'heure venue de solfier, on s'y adonne de plein cœur et à pleins poumons. Voilà une heure bien employée. Et les maîtres qui sont occupés, l'un à silhouetter la mesure dans l'air du bout de son bâton, et l'autre à soutenir les chants par la voix traînante et douce de l'harmonium, sont gens fort affairés.

L'arrangement de la *Classe de chant* est d'un pittoresque mordant. Les airs de tête chez chacun sont agréablement variés et délicatement étudiés. Il y avait à redouter la monotonie des bouches ouvertes. Le dessin des lèvres chantant pouvait être un bâillement. L'artiste a su si bien animer les minois de ses petits personnages, qu'une douce vie circule dans cette scène de vie moderne.

La classe est éclairée par les vitres qui donnent sur la cour, et sont le fond de la composition. Cette verdure qui se penche là-bas et vient regarder ce qui se passe dans la classe, par la transparence des carreaux, achève de donner à tout le tableau une aimable tournure d'art intime. L'effet général rappelle un peu les intérieurs anglais où les vitres de la fenêtre jouent toujours un grand rôle de fond.

Une douce lumière argentine baigne cette toile, tout entière d'une facture libre et d'une observation agréable. La *Classe de chant* n'a aucun point de contact avec ce qu'on appelait jadis le grand art. Elle vaut mieux cependant que ces tableaux qu'on a catégorisés longtemps sous l'étiquette du « genre ». Elle est une scène de mœurs modernes, d'un ordre d'idées très supérieur au « genre » proprement dit. Une composition comme la *Classe de chant* comporte une dose de vérité, d'observation et de sociologie qui caractérisent le tableau moderne.

Lorsqu'un artiste sait comme M. Truphême verser dans sa toile le ragoût du talent, on est très heureux de le dénoncer à l'attention publique.

M. BRISSOT DE WARVILLE. — La *Rentrée* est une scène de la vie rustique.

Le monde des champs, depuis la grande poétisation des paysans par Millet, est devenu un des grands sujets de développement aimés des peintres français. Et puis, l'école de la lumière diffuse qui met le grand air de la nature dans les tableaux n'a pas peu contribué à familiariser notre œil avec le caractère artistique de la vie des fermes. Virgile fut avant La Fontaine un délicieux animalier.

M. Brissot est de ceux qui ont en eux des doux échos d'églogue. Sa *Rentrée* est du Charles Jacque, moins conventionnel, et aussi plus clair. Les moutons qui se pressent à la porte de l'étable sont d'une observation délicate, d'une facture précise et d'un effet général amusant. Les accessoires sont traités avec une ferme connaissance de la physiologie rustique. Et le jeune garçon qui tient la porte pour la repousser tout à l'heure sur le dos de ses pensionnaires laineux fait bien consciencieusement et bien honnêtement son métier de berger, sans se douter le moins du monde qu'il exerce un métier d'où l'on peut sortir grand peintre, témoin le

Brissot de Warville — *La route*

petit pâtre Giotto, le grand instaurateur de la Renaissance italienne, dont la légende plane vivace dans l'histoire générale de l'art, et marque une aurore si tendre à l'histoire particulière des primitifs, les maîtres de la peinture claire.

M. DANTAN. — Encore un tableau qui fait honneur à son auteur que cet *Atelier de tourneurs*. Il y a quelques années, ce fut une surprise que cet *Atelier de mon père* exposé par le fils du père Dantan, Dantan aîné, le sculpteur homme d'esprit, le Daumier du plâtre, portraitiste de toutes les célébrités, vues par le côté caricatural que nous avons tous en nous, et qui est si souvent le trait dominant de notre physionomie.

M. Dantan excelle à peindre les intérieurs gais, et, sous sa brosse de coloriste délicat, le froid du plâtre ou de la terre à faïence prend des raffinements inattendus. Ses potiers sont finement étudiés dans leur action ordinaire. Et ces grandes potiches encore nues, sous cet éclairage agréable et juste, sont bien à l'échelle de leur importance. Dans un atelier d'ouvriers, l'objet qu'on travaille est presque un personnage. N'est-il pas l'âme même de l'atelier?

M. TATTEGRAIN. — *Convalescence* est une histoire d'enfant, ou mieux une histoire d'enfance. Le peintre qui vit là-haut dans le nord de la France, dans son atelier planté sur les sables de la plage de Berck, a su ici s'élever du particulier au général. La grande pratique qu'il a des choses de la mer lui rend très aisée cette tâche d'art synthétique. Il y a toujours une pensée haute et noble dans les tableaux de ce peintre.

La petite fille va mieux. L'embonpoint de ses grosses joues poupines revient. Et, comme le temps est beau aujourd'hui, le médecin a permis qu'on approchât son lit de la fenêtre. Et puis, comme les fleurs, les petits aiment le jour et se tournent vers lui. La *Convalescente* a le visage regardant par la coulisse de la fenêtre levée. La scène se passe chez des braves gens, chez des gens du bord de la mer, apparemment des voisins de M. Tattegrain.

Le sentiment qui se dégage de cette toile est simple et sain. La petite figure de l'enfant est aimablement tamisée dans le gris de sa chambre. La lumière des premiers plans contribue à en augmenter la douceur.

La scène est encadrée dans une fenêtre. Ce premier plan séduit par la belle franchise et la solide clarté de son exécution. Le bleu des faïences, le brun roux

Delaplanche. — *La Sécurité*.

des feuilles de vigne vierge perdues dans la montée des roses font ensemble une agréable musique pour nos yeux.

James BERTRAND. — Cette année, l'exposition de ce peintre ne saurait être acceptée d'emblée. Le *Calvaire* et *Ophélie* nous arrivent sous bénéfice d'inventaire. Il est douteux que cet inventaire soit unanimement favorable à l'artiste.

Ophélie, retrouvée par des bateliers dans les roseaux qui ont entendu sa dernière chanson, ne nous met dans l'âme aucun souvenir shakespearien, encore que par sa tonalité sombre des roseaux le décor marque une vive recherche des effets romantiques.

C'est aussi par sa coloration artificielle et trop particulière que le *Calvaire*

VEYRASSAT. — *Passe-cheval pour chevaux de rivière.*

éveille en nous des idées de critique. L'éclairage du Christ et les deux larrons crucifiés en triangle et dos à dos est discutable au nom même de sa fantaisie. Et quelque estime qu'on éprouve pour le peintre, on n'est pas tenu de l'aimer jusque dans ses erreurs. Des chairs, d'un ivoire que la nuit tache d'ombres dans les plis, se détachent en clair sur la suie d'un ciel noir surplombant un terrain où la lune laisse pleuvoir d'étranges sonorités bleues.

C'est peut-être chercher un peu loin l'harmonie dans la quintessence des détails pittoresques.

M. DELAPLANCHE. — L'exposition de cet artiste est, cette année, fort remarquable. Nous aurons l'occasion de revenir sur l'édition en marbre de son *Aurore*. Pour le moment, arrêtons-nous un instant devant la très belle figure décorative qu'il destine à l'Hôtel de Ville.

L'aspect général de cette *Sécurité* est très puissamment exprimé en vue de sa destination.

La composition raconte au premier coup d'œil toute la signification du symbole représenté. Cet enfant qui s'est endormi du bon gros sommeil de ses chairs laiteuses, peut reposer sans crainte à l'ombre de cette mère aussi belle dans la placidité rayonnante de son visage, qu'elle paraît forte et bien portante dans le merveilleux équilibre de ses formes.

Tout ici trahit la validité, la santé, la sérénité et l'énergie calme, cette force latente qui sommeille au plus profond des muscles chez les gens forts, sans que rien en rende l'existence insupportable. Ce glaive qui est fixé là derrière la tête du poupon, comme un oreiller, marque bien l'esprit de paix qui préside à cet ensemble. Paisible comme le statuaire nous le montre ici, le geste général est admirablement ressenti.

Le caractère sculptural est augmenté des proportions surnaturelles du groupe. L'artiste n'a pas été vaincu par les dimensions mêmes de son œuvre.

Les gourmets aimeront cette grande simplification des détails. Et cette majestueuse ampleur d'interprétation ornementale les séduira par ses qualités d'harmonieuse souplesse, de magnificence décorative.

CASANOVA Y ESTORACH: *Un Théologien*. — Un Fortuny, moins le pétillant éclat, moins l'ingénieux accommodement des poses, moins la sertissure du dessin, moins cette extraordinaire exaltation du costume que M. Ernest Chesneau a si bien appelée « l'apothéose du chiffon (1) », moins aussi la gaieté de certains coins d'une palette audacieuse.

Cet envoi de M. Casanova est une toile mélancolique, venue d'Espagne, *via* Rome, pour nous conter une scène de la grande vie des princes rouges de l'Église.

Ce *Théologien* est un prélat de haute pègre, titulaire de la pourpre romaine,

---

(1) Ernest Chesneau, *l'Éducation de l'artiste*. CHARAVAY, éditeur.

Fr.-E. Bertier. — *La Bouquetière.*

dont le prestige devrait chanter plus haut, sous l'écarlate de sa robe cardinalesque, le grand air de la toute-puissance.

De prime abord, ne semble-t-il pas que, pour un peintre, un cardinal puisse être autre chose qu'un prétexte à promener une brosse orgueilleuse dans les solides et mâles caprices des rouges épandus sur une palette de belle qualité ?

Tout au contraire, l'artiste ici n'a voulu détremper son outil qu'en des vermillons délavés et des laques anémiées. Son Cardinal est passé dans une soutane d'un rouge fatigué et lymphatique. Ceci décolore un peu l'idée bruyante qu'on se fait généralement du costume de ces grands enfants de chœur qui sont les maréchaux du Saint-Siège.

Sur la terrasse d'un palais aux balustrades marmoréennes, ce *Théologien* est assis, l'index de la main gauche arrêté en signet dans les feuillets d'un livre d'Heures ou de casuistique. La tête légèrement versée sur l'épaule droite, les yeux regardent à gauche cherchant une idée ou une solution dans un ciel où il ne reste plus du soleil que les stries lumineuses du crépuscule, sillage transversal du jour qui s'abaisse par degrés et s'écrase sur l'horizon en bouillie de topaze, d'émeraude, d'améthyste et de rubis en fusion.

Aussi bien ce *Théologien* pourrait-il s'appeler le *Crépuscule*.

Le crépuscule est partout ici : il est dans ce fauteuil du Cardinal qui marque le terme d'une carrière brillante, comme il est encore dans les tons fatigués où l'artiste a écrit sa pensée, et comme il se dégage aussi du sentiment général de cette toile toute remplie des échos affaiblis d'une belle journée vieillie, qui touche à sa fin.

M. MOREAU DE TOURS. *La Vision.* — Dans ce tableau, l'artiste nous montre des qualités d'ordonnance et d'observation très supérieures à celles dont il a fait preuve au dernier Salon, avec son *Carnot,* quelque peu désordonné pour un organisateur de la victoire.

M. Moreau de Tours a-t-il été influencé ici par un esprit de légère ironie ou par un vif sentiment de l'art religieux? Toujours est-il que sa *Vision* est une composition d'un aspect fort agréable.

Le sujet est emprunté au thème très varié et très extensible du rôle de la femme dans la vie cénobitique. Les choses se passent ici plus calmement que dans une tentation de saint Antoine. La tentation n'a même aucune prise sur le moine de M. Moreau de Tours. C'est une vision. Et le pauvre célibataire qui la subit ne marque aucun esprit de résistance.

De l'encensoir, debout à ses pieds, une fumée monte bleuâtre qui prend en arrivant aux bras croisés une tournure de femme. Les mains lancées en l'air, cette vision continue son ascension. Et le moine, dont les paupières se troublent et se serrent, regarde fixe et muet le ciel qui s'ouvre en lui et qu'il est seul à voir.

L'artiste a bien insisté par le rythme de la pose et l'allure du geste, qui rappelle le saint François d'Assise du tombeau des ducs de Bourgogne, sur le phénomène qui jette le trouble dans cette tête de reclus, vivant d'extases et de privations. Et l'œil pénètre vite qu'il se passe dans cette âme quelque chose d'anormal.

Cette bouche entr'ouverte, ce regard vague et nageant, ces bras en étreinte sur la poitrine, cette raideur qui traverse tout le corps du moine debout, s'expliquent clairement par l'envolée de cette vision féminine. Il est devenu la proie du péché, ce brave moine. Et le peintre nous le montre bien comme une victime inconsciente. Pourtant la nature a des droits. Et le ragoût du fruit défendu jette dans ce cœur endolori une émotion d'où s'élève le doux charme de l'extase.

F. Trophême

La scène est peinte dans une église, avec une intention visible d'être égayée par les contrastes, autant qu'elle est animée par la chaude tonalité de la coloration. La béatitude molle et assoupie des trois frères endormis dans leurs stalles de chœur, souligne, sans l'exagérer, le procédé des oppositions. Ce sommeil qui plane sur les trois têtes de fond accuse l'idée première de la composition : l'agitation du moine en puissance de vision.

L.-P. BOUCHARD. — *Namouna.*

Le sommeil est-il donc un état de prière? Ou bien la fatigue corporelle reprend-elle ses droits après les veilles forcées de la nuit au cloître, ces veilles où la vie de l'âme, sans cesse tenue en haleine, épuise le corps pour mieux abattre la chair? Aussi bien tout le monde dort-il, à l'ombre de ces pieux piliers. On dort du bon dormir paisible et sûr des gens qui n'ont rien à redouter des luttes pour l'existence et trouvent la sécurité du lendemain dans le lent égrènement d'un chapelet bénit.

Si c'est là l'image de la paix claustrale, on comprend que la vie y arrive souvent, en forçant le seuil de la chasteté, sous la forme de visions semblables à celle dont M. Moreau de Tours nous donne une si pittoresque expression.

M. PUVIS DE CHAVANNES. *Le Bois sacré.* — « Ce ne sont point de ces tableaux que vos peintres de Paris expédient en vingt-quatre heures, *et qu'ils font en sifflant* (1). » Ceci pour rappeler que si le temps ne fait rien à l'affaire, l'attention qu'on y apporte doit marquer le verbe réciproque de l'estime et du respect entre l'artiste et le spectateur.

Par les dimensions comme par l'heureux épanouissement de son œuvre, M. Puvis de Chavannes formule à nos yeux une déclaration très nette. S'il s'offre à nous dans l'éclat de ses plus beaux habits de fête, au moins entend-il qu'on lui réponde par les mêmes égards et que l'étude consacrée à son envoi de cette année, si rempli de merveilleuse conscience, ne soit point *faite en sifflant*. La critique « par-dessous la jambe », comme quelques-uns ont cru pouvoir l'écrire à propos de ce peintre, un maître, est pire qu'un manque de tenue. Elle a tout le débraillé de l'irrespect en s'adressant à un artiste qui est le plus grand dont la France aujourd'hui ait le devoir d'être fière.

Par le titre attaché à sa toile, M. Puvis de Chavannes nous invite à reconnaître dès l'entrée la grave et haute sérénité de ses intentions. Point de méprise possible. Et nous aurions tort de compter sur l'agréable piment d'une anecdote lestement enlevée.

Quant au texte qui se développe calme et paisible sous le rayon mythique de l'épigraphe du cadre, il n'est point de ceux qui se dégustent entre deux couplets de chansonnette, en plein fumet sceptique et gouailleur de ragoût parisien. Le récit monte ici plus haut que l'agrément vulgaire. Et on le suit dans les frises de l'esprit humain, inscrivant à l'actif de l'art français une ampleur qu'on ne saurait trop mettre à profit.

Le *Bois sacré*, tracé en pleine intensité des idées éternelles, nous emporte bien loin de l'âpre et dure étreinte de nos mœurs contemporaines, que l'esprit d'actualité diminue à force de divisions. Tant est grande la distance qui sépare ce

(1) Lettre de Poussin, à propos de sa suite des *Sept Sacrements*, qu'il exécutait, retiré dans sa petite maison du Pincio.

merveilleux poème des yeux de nos petits appétits contemporains, qu'on sent dès le premier regard que l'envolée du grand rêve calme et sublime n'est plus désormais un lieu commun de nos habitudes usuelles. L'anecdote la remplace

GROLLERON. — A Buzenval.

sans la suppléer. Et toute quintessence de vision supérieure appartient en propre au domaine privé où le peintre Puvis de Chavannes trace en lettres d'or sa foi à l'immortalité de l'art.

Un tel homme nous entraîne avec lui, là-bas, bien loin, très loin de la misère des détails qui sont la douleur de la vie. Et son *Bois sacré*, qui raconte l'hymen des Muses et des Arts, nous apparaît dans notre ciel gris de tristesses, où grouillent et remuent les nuages de l'intrigue, comme la légende paisible d'un autre âge, une légende semblable à celle de cette ville d'Is dont parle M. Renan, que M. Puvis de Chavannes a comme lui au fond du cœur, et « qui sonne encore des cloches obstinées à convoquer aux offices sacrés des fidèles qui n'entendent plus ».

Comme une devise qu'on suspend au tympan de sa porte, j'ai tenu à signaler dès la préface de ce volume l'étonnante contradiction qui se manifeste, en cette année plus qu'en toute autre, entre les aspirations réalistes et rationnelles de notre art, fils légitime d'une société de mœurs positives, scientifiques, et l'art de M. Puvis de Chavannes où l'on voit renaître en pleine maturité de succès et d'enthousiasme les plus hautaines traditions de la grande peinture décorative.

Comptez d'une part que le principe démocratique moderne ne devrait pas s'accommoder de ces triomphes où le plus grand nombre n'est pas appelé en collaboration. M. Puvis de Chavannes, ne l'oublions pas, dans une époque de niveau d'eau comme la nôtre, est un sommet isolé par l'esprit même de son talent, ce talent qui s'affirme tout seul, hors de tout à-propos de faits ou de gestes, sous l'aristocratique égide et par la loi exceptionnelle de la pure convention. Il nous retrace sa pensée dans le parti pris le plus franc, à l'ombre des traditions majestueuses et des harmonies simples, directes, idéales du bas-relief, aux lois impérieuses et inflexibles.

D'autre part, gardons-nous d'oublier ce signe particulier de nos mœurs : la raison scientifique y est devenue l'apophtegme de la vie. Jamais plus qu'aujourd'hui, invités par la griserie de quelques premiers résultats, nous n'avons subi le joug des théories réalistes. Jamais la cause de l'art n'a été aussi vivement débattue au nom de la stricte imitation de la nature. Jamais l'hypothèse rationaliste n'a plus universellement fait foi en matière d'exégèse.

La science moderne, sous les noms divers de vivisection ou de positivisme, n'a jamais mieux donné qu'en ce moment pour les athées la formule claire de ce que peut être une divinité incontestable. Des entrailles du lapin disséqué, cette

H. Gervex. — *Portrait de M. Alf. Stevens.*

méthode de raisonnement qui se dit la plus raisonnable s'est élevée graduellement aux plus hautes fonctions. C'est elle qui, armée du scalpel de sa subtilité, nous donne le mot suprême des problèmes sociaux les plus altiers. La science commande et l'univers écoute. La politique elle-même cette chose dévergondée et irascible, est fière de se pouvoir autoriser du système rationaliste et expérimental. Quant aux arts, arts des lettres ou arts plastiques, plus nerveux et plus impressionnables, ils ont couru plus vite que les autres, et ils sont arrivés les premiers à l'inauguration de la chapelle en construction. L'adoration perpétuelle commence par eux, et déjà les voilà en prière sur les marches de l'autel positiviste et rationaliste.

Heureuse science! jamais elle ne s'est vue à pareille fête. La voilà toute seule maintenant, grandissant à mesure que monte sous ses pieds le tas des idoles brisées. Ah! nous l'aimons bien aujourd'hui notre Déesse toute neuve. Pourvu qu'elle n'aille pas perdre l'équilibre sous le vertige de notre superstition.

Car, au fond, la superstition est peut-être l'âme de toutes nos croyances; elle est de tous les hommes, comme elle est de tous les systèmes, positivistes ou spiritualistes, naturalistes ou idéalistes. De l'un à l'autre, l'étiquette est seule à changer. Le besoin de croire ou de raisonner est toujours là, vivace, exigeant. Bien plus, cette soif d'inconnu n'a aucun motif de s'apaiser. Depuis qu'elle existe, la philosophie, qui ne saurait admettre l'absolu au même degré que la religion, n'a jamais été définitive. Elle est venue au monde les yeux bandés. Depuis sa naissance, elle marche à tâtons dans l'invisible de nos angoisses et de nos destinées. Et c'est au moment même où elle croyait enfin avoir fait main mise sur le terme authentique de la vérité, que de tout temps elle a dû reconnaître qu'elle n'a jamais été autre chose qu'une forme scolastique du jeu de colin-maillard.

Est-ce à dire que je blâme ou que je loue mon époque de se livrer corps et âme aux embrassements de l'idéal scientifique? Je n'aurais garde. L'avenir cache ses réserves pour nous mieux ménager l'agrément de la surprise au moment où il leur donnera l'ordre d'avancer. A l'heure présente une seule chose m'occupe et me sourit infiniment : enregistrer la gloire de M. Puvis de Chavannes dans le tohu-bohu du succès de la science moderne.

Dans ma course à travers l'art français en 1884, je constate seulement qu'au moment où le positivisme allait faire son entrée dans la ville conquise et passer sous l'arc de ses triomphes, dans la haie du peuple qui est là, attendant le cortège, il s'est trouvé des gens simples, des idéalistes, des gens d'instinct et non de raisonnement, des gens non de raison froide mais de sentiments enthousiastes, qui font un succès à M. Puvis de Chavannes, le contraire d'un positiviste.

Oh! mais un succès fou! Quelque chose d'exceptionnel. Un succès de lendemain d'Austerlitz. Et l'applaudissement, parti d'un groupe, gagne tous les assistants. Le trottoir frémit sous les bravos. L'enthousiasme allume une à une toutes ces têtes de gens qui regardent, et attendaient tout autre chose que l'entrée de ce représentant d'un art où sommeille l'idéal sur un lit d'idées générales et de synthèses.

Aussi bien les choses se passent-elles toujours ainsi dans les foules. Les plus grandes joies, comme les plus grandes émotions, y naissent souvent de l'incident le plus inattendu et le plus contradictoire. On attend le bœuf gras. Mais si le bon Dieu vient à passer, on se découvre, et on s'agenouille... quitte, il est vrai, à crier bravo à la voiture de masques qui vient derrière.

Or, aujourd'hui, ce qu'il faut savoir dire et redire, c'est qu'on est à genoux devant le *Bois sacré*. Les plus fervents disciples de l'art rationaliste oublient leurs théories de gens qui veulent tout s'expliquer par les froids et hygiéniques calculs de leur raison scientifique, pour se laisser emporter dans l'éblouissement de ce triomphateur inattendu et en subir le ravissement jusqu'à la dévotion.

Dantan. — Un atelier de Moulage.

De fait, ils se rendent parfaitement compte du charme mystérieux qui les envahit; ils sentent qu'une influence supérieure les étreint et les domine. Car leur éducation rationaliste leur a donné un critérium de vérité qui leur plaît, qu'ils aiment, comme le moins éloigné de ce qui se passe sous leurs yeux tous les jours dans la nature. Or, au point de vue même de cette vérité, tous reconnaissent que rien n'est vrai dans le *Bois sacré* de M. Puvis de Chavannes, comme rien n'était vrai non plus dans le *Ludus pro Patria*.

Ch.-Ed. Frère. — *Opération de la Névrotomie.*

Au point de vue particulier qui est le seul avec qui la moderne analyse rationnelle nous ait familiarisés, assurément tout est faux dans ce *Bois sacré*. Faux assurément ces corps blancs de Muses qui reviennent de porter la bonne parole chez les hommes, et traversent l'air, tranquilles et insouciantes du péril, comme aux plus beaux jours de la fresque, et comme si leur attitude couchée dans la ligne de l'horizon ne devait pas aujourd'hui donner l'éveil à quelque facétie du vocabulaire parisien. Ces fleurs des premiers plans, ces narcisses blancs et jaunes, comme ceux qu'affectionnait Giotto, ces arbustes aux feuilles comptées, ces buissons d'églantiers, ces arbres aux troncs minces et polis, ces fonds de verdure sombre, opaque, ces grands plans de paysage mat, cette eau qui charrie l'or d'un crépuscule imaginaire, ces statuettes de Tanagra qui tiennent des couronnes et déclament des vers non loin d'un portique où il y a plus de symbolisme que d'exactitude imitative, tout cela est assurément d'une vérité douteuse, si l'on s'en tient au terme de vérité relative qui est devenu l'absolu de notre époque de positivisme.

Néanmoins M. Puvis de Chavannes exerce un empire considérable sur notre admiration. Il subjugue par l'intensité de son génie les plus rebelles de nos habitudes ergoteuses et entraîne notre obéissance dans le rayonnement de sa fantaisie. Si domestiqués que nous soyons aujourd'hui par la subtilité de notre éducation de détail et d'analyse microscopique, nous ne sommes pas encore tout à fait indociles aux séductions des idées générales. Nos instincts nous portent si naturellement à subir la vague et douce domination des effets d'ordre surhumain, qu'en présence d'une œuvre d'art comme le *Bois sacré*, nous crions d'abord : au miracle! avant de savoir si nous pourrons nous l'expliquer, ce miracle.

Cela tient à ce qu'il reste en nous, malgré tous les réfrigérants de l'ordre scientifique une dose considérable de lyrisme, une grande soif du bleu de là-haut, beaucoup de soumission passive aux illusions consolantes. Tant qu'il y aura sur terre des hommes pour avoir un battement de cœur en retrouvant une fleur séchée au fond d'un tiroir, et pour embrasser cette fleur embrassée jadis par la femme aimée, croyez bien que le positivisme ne sera pas le vrai tyran du monde.

Or ce qui fait toute la puissance de l'art de M. Puvis de Chavannes, c'est que son *Bois sacré*, qui n'est plus, comme cette fleur séchée, vrai, de la vérité particulière, est absolument vrai et indéniable dans la vérité générale. Ce n'est plus le corps des êtres ou des choses qui vit là, c'est l'esprit même de ces êtres et de ces choses. La nature n'est pas là dans cette toile. On ne l'y voit pas exacte, comme sous l'estampage photographique. Néanmoins elle y est; car on la sent partout. Son esprit circule. Elle est là comme filtrée, tamisée par le cerveau d'un artiste de génie. Si elle n'est pas là, remuante dans l'exactitude de ses traits particuliers et épisodiques, elle est là néanmoins vraie par la simplification des plans, et rythmée dans le trait général de sa vérité permanente.

Elle est morte peut-être cette femme adorée qui embrassa cette fleur aujourd'hui séchée au fond d'un meuble dans son nœud de ruban rose? Eh non! elle n'est pas morte. Par cet emblème son souvenir persiste et survit en nous dans l'éternité de la pensée. Elle est aussi vivante dans notre cœur sous les corolles pâlies de cette fleur, qu'elles sont vivantes ces images blanches et paisibles à l'aide desquelles M. Puvis de Chavannes nous rappelle qu'au-dessus des accidents éphémères du monde positif, il existe un séjour de paix idéale où résident nos

BOURGONNIER. — *David*.

éternelles préoccupations de vie supérieure. Ce *Bois sacré* est une mélopée aux modulations emblématiques. Il est le souffle intime de nous-même, ce souffle vers l'irréalité et l'immatérialité de la paix d'un monde entrevu dans un éclair d'imagination.

Et cet emblème nous plaît par la magie même du rêve qu'il ravive en nous. Nous l'admirons comme une vision admirable d'une conception radieuse dont la réalisation probable nous aiguillonne. Nous l'aimons comme le confident secret de nos plus secrets désirs. Et nous l'applaudissons à toutes mains et très joyeux, parce qu'au sein de nos viles querelles de philosophie au jour le jour, l'idéal est une pâture indispensable à la distraction de notre être. Rien dès lors ne nous apparaît plus apaisé, plus grand, plus haut, plus plein d'essence divine, plus conforme enfin à nos idées, à nos besoins, à nos manies, disons le mot, de vie meilleure, que ce séjour où M. Puvis de Chavannes a versé des flots de tranquillité paradisiaque et tout le calme de l'immortalité.

Oh! les plus sceptiques y sont pris. Et les rieurs, les gens gais, à l'esprit clair et délicat, ne sont pas les moins fervents admirateurs, sectaires déclarés de l'art suprahumain de M. Puvis de Chavannes. Tant il est vrai que cette idée du calme et de la tranquillité qui nous est montrée comme une promesse, est aussi indispensable au repos de nos durs labeurs et des rudesses essuyées, que la pierre du chemin est bonne au pèlerin pour asseoir la fatigue et l'épuisement de sa route.

Voilà peut-être pourquoi le *Bois sacré* nous séduit et nous enchante. Et voilà pourquoi aussi il nous émerveille, cet artiste qui, à force d'opérer en dehors de son temps, voire contre son temps, a réussi à entraîner toute une société positiviste à sa suite, dans une atmosphère limpide et claire, raréfiée de microbes, où les choses vulgaires et les platitudes de la vie ont cessé d'exister, où les lacs brillent des reflets d'un ciel que dore un rêve de génie.

Pour tous, cette admiration n'est pas raisonnée. Mais tous désormais la subissent. Tous la reçoivent d'instinct ; elle entre en eux par le seul effet de sa vertu magnétique. Et tous courent les bras tendus vers ce poème surnaturel qui se développe devant leurs yeux éblouis.

Nous n'insisterons pas sur cet état passif de l'esprit public. Disons toutefois que si un tel ordre de faits ne prouve pas que nous soyons à la veille d'un art nouveau dont M. Puvis de Chavannes aura été l'initiateur, il marque en tout cas une bien curieuse contradiction sociale. Et si cette contradiction ne doit pas prendre à une heure donnée les proportions d'un fait sociologique, elle nous assure du moins que M. Puvis, pour nous mater ainsi contre nous-mêmes, est un artiste bien puissant; que son art est grand; et que, le sens de la grande peinture n'étant pas définitivement tué en nous par le succès de l'anecdote, nous voilà désormais garantis contre le précipice de la trivialité qui côtoie la formule de réalité exclusive, comme le fossé côtoie le talus.

Priou. — Le Réveil.

Tel argument pris dans l'ordre de choses contemporain, qui pourra me servir à expliquer ou à applaudir tel artiste de taille ordinaire, opérant sur les données de la vie moderne, aurait été hors de propos appliqué au cas particulier de l'auteur du *Bois sacré*. Quitte à faire mes réserves sur la valeur des éléments fournis par mon époque, j'approuverai toujours un artiste qui, convaincu des avantages de notre positivisme, lui fera les emprunts nécessaires pour nous écrire une œuvre d'intention contemporaine, et grâce à eux produira un résultat conforme au but cherché. Mais, je le répète, cette méthode critique n'est applicable que dans la mesure moyenne fournie par des hommes moyens. Elle ne vaut plus rien adaptée à un artiste comme M. Puvis de Chavannes qui vit dans le sublime des idées générales, et ne devient le contemporain des idées de son temps que dans la proportion même de ces idées générales, contemporaines de tous les âges par leur éternité.

M. Puvis de Chavannes, d'un bout à l'autre de son œuvre, depuis *Pax et Bellum* jusqu'au *Bois sacré*, se montre un être d'exception. Dans notre société positiviste où l'on cherche la fin de tout par la physiologie de la matière, et non plus dans la quintessence subjective la psychologie, il est un cas psychologique. Au milieu de nous qui marchons sur des talons plats, et qui avons des idées qui vont en omnibus, — j'entends des idées communes à tout le monde, — il a une façon de voir et de penser qui lui est absolument personnelle. Sa puissance d'extériorisation est telle qu'on ne trouve plus dans son art d'autres points de soudure avec notre époque, que ceux qui sont communs à l'idée d'espace et de temps. Retiré dans l'absolu de son individualité intransigeante, dans le monde altier des grandes traditions d'art désintéressé et libre de toute attraction vulgaire, on l'écoute chanter au-dessus de nos têtes comme une voix qu'on entend sur les hauteurs.

Oh! la vie délicieuse que celle qui s'écoulerait dans un pays où une musique lointaine, ailée, invisible, rayonnerait tiède autour de nous comme un rayon de lumière. Cette lumière mélodieuse qui nous dirait à la fois l'âme et le bruit de la vie est celle qui éclaire le *Bois sacré*. Elle y met un frisson harmonieux, semblable à ce frisson des fils télégraphiques qui fait flotter dans la paix des champs l'éloquence poétique et vague de la harpe éolienne, chantant la mélodie de l'air, mélodie impalpable et fraîche, du fond de sa cachette buissonnière.

Être d'exception, M. Puvis de Chavannes l'est encore par la magie de ses procédés. Il agit sous l'influence d'un don suprême. L'art de la fresque circule en lui avec ses grandes lois d'une composition simple, tranquille, sans effets ni plans multipliés, dans le magnifique développement de la perspective linéaire, sous une lumière également distribuée entre des personnages savamment espacés, en parfait accord avec les lignes d'une architecture déterminée.

Il n'y a pas à discuter sur la valeur de M. Puvis de Chavannes, peintre et dessinateur. Il importe seulement de dire qu'en ce moment la méprise du public en matière de peinture décorative est telle qu'on y admire M. Baudry qui se trompe et qu'on y hésite devant M. Puvis de Chavannes qui ne se trompe pas.

Et M. Puvis de Chavannes ne se trompe pas, parce qu'il écrit ses grandes toiles dans le style de la fresque, soit en plein sentiment du bas-relief. Loin de couvrir ses compositions de figures entrelacées qui, à force de multiplier les effets, arrivent à écraser la muraille, il espace ses figures pour éviter les ombres portées et applique ses couleurs par tons plats et valeurs sur valeurs. Ses figures sont tracées non par saillies, mais par contours plats, en ne négligeant jamais d'y porter l'empreinte majestueuse et simplifiée d'une figure de sculpture.

BERTEAUX — *Le jeune pastoure*

Il ne se trompe pas, parce qu'il ne peint que des murailles et non des plafonds; que le raccourci, qui est la décadence du goût, nuit à la noblesse des poses, sans laquelle il n'y a plus ni fresque ni bas-relief.

Il ne se trompe pas, parce que l'art de la fresque est plus que tout autre soumis aux lois de la grande convention. Il sait tout le charme que les vieilles tapisseries, les émaux et les faïences de la Renaissance, les vitraux du moyen âge, les mosaïques byzantines, les cachemires de l'Inde, les vases de Chine, les tapis de

D.-P. LAUGIE. — *Le Battage des œillettes en Picardie.*

Perse ou de Turquie (1) empruntent à leurs harmonies conventionnelles, aux partis francs, aux tons voulus.

Il ne se trompe pas enfin, parce que, au lieu de chercher la couleur dans le choix d'un coloris riche ou séduisant, comme il convient à une composition destinée à un cadre mobile, il la cherche dans la lumière, telle qu'il convient au cadre fixe de la fresque. Il sait qu'en termes particuliers la couleur est chose essentiellement conventionnelle. La couleur vraie calquée sur la coloration réelle

---

(1) Voir BRULÉ, *Causeries de l'Art.*

des corps vivants est impossible à rendre. Rien ne nous prouve que le coloris du Titien ait existé. Bien mieux, Rembrandt, qui n'a pas le même idéal de palette, est, lui aussi, un coloriste. Il y a donc une seule différence d'individus. Toutes les fresques, au contraire, sont du même ton. S'il y a un absolu, il est bien plutôt du côté de la lumière. D'ailleurs, rien ne prouve qu'il n'y ait pas autant de couleur dans une fresque de Giotto que dans un tableau du Titien. Pour exemple, je citerai la fameuse *Liberia* de Sienne dont les plus vaillantes palettes vénitiennes, hollandaises, anglaises, françaises ou italiennes, ne donneront jamais l'équivalent. Qu'on examine au même point de vue la *Sainte Geneviève* de M. Puvis de Chavannes au Panthéon, son *Doux Pays* chez le peintre Bonnat, et l'on verra s'il est plus aisé de ne pas discuter sur le coloris que d'admettre la lumière sans discussion. Le *Bois sacré* est lui aussi une preuve, et non pas la moins éclatante, de ce que peut la lumière de la fresque dans un milieu où il n'y a que des compositions en couleur. Sans signaler nominativement tous les voisins de salle de M. Puvis de Chavannes, qui tous voient leurs efforts de coloration neutralisés par ce *Bois sacré* où rien ne vise à l'effet, j'appelle l'attention sur le grand sujet historique étranger qui fait vis-à-vis à la toile du peintre français. Le tableau de M. Matejko, malgré son étonnant fracas de rouges envahissants et de jaunes dévorants, tombe foudroyé et devient muet devant le *Bois sacré*, où l'on n'entend qu'une seule voix, celle de la lumière de l'air.

Tel je comprends et j'aime le *Bois sacré* de M. Puvis de Chavannes. Tel il m'a semblé qu'on pouvait l'expliquer et le faire aimer, sinon en orgueilleuse connaissance de cause, au nom de la magie de son style, de l'ampleur de sa conception et de l'éclat de sa coloration, à tout le moins en plein empire de ravissement et d'admiration.

M. LECOMTE DU NOUY. *Le Marabout-Prophète Sidna-Aïssa*. — De sérieuses qualités dans cette scène religieuse traversée d'un vif souffle de fanatisme musulman.

Assis sur un banc, adossé à une muraille où sont tracés des versets du Koran, le prophète, la tête renversée et les yeux fixés au ciel de Mahomet, chante son inspiration prédicante. Une flamme allume ses yeux de pontife. Et, agenouillés, assis ou couchés sur le sol, à plat ventre, les mains croisées sur la nuque, les sectaires écoutent.

Il y a de l'effet et de la vie dans cette composition d'un genre très marqué. Et il faut reconnaître qu'elle a été bien conçue et bien agencée. Les têtes ont de l'expression et du caractère. Celle du marabout, couvert d'amulettes et aux doigts chargés de bagues, dit bien toute la sauvagerie de ce poème pieux, poème

Benner. — *Innocence*.

familier de ces pirates du désert, où il y a probablement beaucoup de sang et de meurtre à l'adresse des ennemis de l'Islam. Cet Arabe en caftan levé à demi sur ses jarrets pour mieux entendre et mieux recueillir le verbe sacré qui coule des lèvres saintes du prêtre, est une évocation très vraisemblable de la ferveur fanatique propre à ces dévots de la Mecque.

M. Lecomte du Nouy n'est pas de ceux qui voient le ciel d'Orient par l'éclat de sa lumière diffuse, ou par la sonorité de ses tons crus. Sa couleur, encore que très montée, est moins de la lumière affirmant le rapport des valeurs, qu'un coloris particulier. En ceci, il est peut-être de l'école de Decamps qui manquait de prime-saut et racontait l'Orient à travers le prisme d'une éducation européenne. Decamps connaissait mal ces grands soleils d'Afrique, aveuglants et mangeant tout. Comme lui, M. Lecomte du Nouy écrit sa vision dans des compartiments où la lumière se tamise et s'édulcore. Sa facture est toujours un peu soyeuse, son dessin menu. Et ses compositions y perdent en solidité.

Pourtant ce peintre n'est point un ouvrier du commun. Il possède un tempérament d'artiste très intense, d'une curiosité très variée, d'une invention souple et aimant à rayonner. Et on regrette de ne pas le voir mettre une plus grande énergie de pratique au service de l'expression et du caractère, qu'il sait en saine conscience et cultive avec une bonne foi judicieuse.

M. CHANTRON. *Après la Leçon*. — Des profondeurs du fanatisme musulman nous voici ramenés en Europe, dans un coin de l'Europe ambulante, derrière les coulisses d'un cirque, où s'agite le monde très particulier, le monde masqué, le monde de la grimace anonyme, la clownerie.

Celui-ci est joli clown, élégant, et qui ne perd rien de sa jeunesse malgré le plâtre de sa grime, et malgré les rides verticales piquées à la racine de son nez. Clown en maillot noir. Clown très moderne, vous voyez.

La leçon est finie. Et les toutous caniches qui travailleront ce soir devant le public, exécutant leurs tours de force et de mémoire, sont au repos. Assis sur la naissance de leur queue, le museau en l'air, ils paraissent très amusés de la mine déconfite d'un chat que le maître leur montre à distance, histoire de les distraire.

La scène est d'un aspect gai et d'un galbe spirituel. Le décor y ajoute un bon effet de couleur locale. Le clair des planches réveille les noirs du maillot. Et tous les instruments de travail sont là, corde à sauter, cerceau à traverser, tambourin à faire danser, puis la baguette du commandement, le moniteur de cette éducation à la Munito.

Où la critique pourrait reprendre M. Chantron, c'est d'avoir arrêté son tableau dans les proportions de la nature. Le thème choisi demandait un format plus discret, et la composition y eût gagné sous tous les sens. Néanmoins, voici une toile où il est permis de lire d'excellentes promesses. On y acquiert même la certitude que le peintre peut donner davantage et dans un ordre plus relevé. Cette année, soit hasard ou intention, M. Chantron a seulement réussi à prouver que, capable du plus, il peut le moins aussi.

BURGERS. — *Le Baptistère de Saint-Marc à Venise.*

M. VEYRASSAT. *Passe-Cheval.* — Voici encore une scène de mœurs riveraines si bien connues de l'artiste, où le paysage et ses personnages sont conçus avec une justesse et une harmonie extrêmes.

La peinture de M. Veyrassat est, cette année comme toujours, minutieuse, exacte, solide, d'une belle valeur de touche et d'un bel éclat. Lui aussi est de la famille de Decamps, par son modelé gras et fort, par ses touches épaisses et successives. Si le *Passe-Cheval* manque un peu de cet emportement pittoresque et de cette fougue qui étaient le propre du peintre des *Cimbres* et des *Chevaux de halage*, à tout le moins cet art de M. Veyrassat est-il d'une allure franche et agréable qui satisfait à tous les points de vue.

M. JEAN-PAUL LAURENS. *Urbain VI*. — Je n'entreprendrai pas d'énumérer la série des cadavres qu'on rencontre tout le long de l'œuvre du peintre d'*Urbain VI* venant contempler dans leur cachot les corps des cardinaux qu'il a fait mettre à la question. Aussi bien en voici quatre de plus. Sur quoi, elle peut paraître justifiée jusqu'à un certain point l'idée critique qui a fait de cet artiste le peintre des cadavres.

Est-ce à dire qu'à propos de cette nouvelle scène dramatique, il soit opportun de reprocher à M. Laurens la dramatique conception de son esprit, qui lui montre l'histoire sous le jour lugubre et sanguinolent d'une éternelle catastrophe, une sorte de martyrologe où les choses se passent comme dans la *Vie des Saints*, morts pour leur foi ? Ce serait peut-être cantonner un grand artiste dans une spécialité de « cinquième acte » trop peu en rapport, hâtons-nous de le reconnaître, avec la ferme et mâle allure de ce talent, parcourant les méandres rouges de l'histoire universelle.

Sont-ils morts pour leur foi, ces quatre cardinaux que M. J.-Paul Laurens expose cette année, victimes de la rage délirante d'un pape demeuré célèbre pour son caractère violent, inquiet, présomptueux, autant que pour sa conduite odieuse? A vrai dire, nous sommes transportés en plein domaine des farouches intrigues d'une politique féroce doublant l'exercice des fonctions du Saint-Siège.

Le pontificat d'Urbain VI coïncide avec l'établissement du grand schisme d'Occident, qui causa tant de scandales dans l'Église. C'est l'âge de l'anti-pape Clément VII. Et il est loisible de voir dans ces cardinaux tombés sous la colère d'Urbain les victimes d'une défaite politique, de la catastrophe d'un parti.

On voit combien la scène est loin des mœurs de nos jours, aussi éloignée par sa date que par la cruauté qu'elle révèle. Le moyen âge avait, dans l'ordre des choses d'ordre social ou religieux, des rigueurs et des brutalités qui répugnent

BOISSEAU. — La Défense du foyer

désormais à nos goûts et à notre entente de certaines dignités. L'assassinat n'est plus le fait des droits du Saint-Siège. Et il nous faut imposer un effort à nos esprits tempérés pour concevoir un temps où la chose était d'ordre courant, presque quotidienne.

M. Jean-Paul Laurens excelle à provoquer en nous ces grands retours dans la remontée de l'histoire. Et cette année, on applaudit à la façon dont son robuste talent et les fortes qualités de son dessin ont justement souligné l'âpre et rude caractère de l'époque à laquelle son tableau emprunte ses grands mérites de mise en scène.

Ce tableau est de dimensions modestes, comme il convenait à un paragraphe de cette grande et longue épopée que serait l'histoire du pouvoir temporel de la papauté. On y voit très bien jusqu'à quel point l'artiste est peintre par l'éclat de ses colorations. Et on y apprécie tout ce que peut son outil promené dans un sujet comme celui-ci, où l'anecdote est grandie de cette gravité majestueuse qui n'appartient qu'à l'histoire.

D'autre part, on ne saurait trop admirer dans cette toile la sobriété des effets. Cet abus de noirs, si souvent et à juste titre reproché à M. J.-P. Laurens parce qu'il n'en fournissait pas toujours une cause suffisante, ne reparaît plus dans *Urbain VI* pour en désunir ou en exagérer les harmonies sinistres.

La scène se passe dans un cachot clair, un cachot comme on en voit à Venise ou dans la Tour de Londres, un de ces cachots où la nuit sombre nuirait à l'assouvissement d'une rancune souveraine et supprimerait le dilettantisme d'une vengeance de haute lignée.

Ce ton grisâtre des pierres du fond dit assez dans quel milieu nous sommes placés. L'artiste, en évitant d'écrire sur ces murs circulaires la sueur de l'humidité, a donné à son décor un air de propreté qui marque très bien que nous n'avons pas sous les yeux une exécution d'ordre vulgaire, entre gens du commun. Apparemment, le terrible Barthélemy de Prignano, devenu pape sous le nom d'Urbain VI, malgré ou à cause de son mysticisme exalté, a fait tuer ses ennemis ou ses adversaires, chez lui, non loin de sa demeure pontificale.

Sur ce fond très empreint du sentiment de la couleur locale, l'écarlate des robes des cardinaux étendus à terre se détache en contraste imposant. Le souverain pontife, lui, est en petite tenue, drapé dans sa simarre, la tête coiffée de la toque rouge cerclée d'hermine dont Raphaël a coiffé Léon X. Son air de visage fauve et béatement farouche insiste bien sur tout ce qu'il y a de folie féroce dans cette tête où l'histoire a découvert le sillon de l'aliénation mentale. Urbain est là dans toute la féroce préoccupation du crime qu'il a ordonné. Ils sont bien morts tous les quatre. Et, le regard fixe, la tête penchée en avant

Perrey. — *Jézabel*.

sur le sternum, il hume sa vengeance, en aspire le fumet qui monte de ce tas humain où gisent quatre puissants de l'Église, égorgés.

M. Jean-Paul Laurens, dont la palette est si riche en tons cadavéreux et en senteurs pestilentielles, a vigoureusement tracé l'horrible de son sujet sur le masque bleui, déformé, de ce premier cardinal, à moitié caché sous sa capuche rabattue. Cet œil resté ouvert est d'une immobilité où on lit toute l'épouvante de la mort violente. Ce regard mat a une éloquence de mort terrifiante qui fait penser à la grande interrogation d'Hamlet, jetée cette fois par des cadavres à la face d'un vivant.

Les taches de sang et de boue qui souillent le terrain et les vêtements des victimes, ces chapeaux éparpillés, ces cordes rompues, ces anneaux de fer forgé où il reste des débris de lutte, ne jettent aucun accent déclamatoire dans l'atmosphère sinistrement pittoresque de cette scène. Le silence qui règne dans cet antre de mort est celui qui convient à un récit de cet ordre, écrit par le peintre dans une solennité sobre, simple et vigoureuse, comme un récit de Lanfrey.

VEYRASSAT. — *Le Relais.*

M. TRUPHÊME. *Gitane.* — Beaucoup de qualités matérielles dans cette statue qu'il faut rattacher au genre élégant et pittoresque.

L'artiste appartient à cette école qui fait la guerre aux détails, aux petits détails quintessenciés et parfois antistatuaires, au profit des grands plans et des grandes lignes extérieures.

M. DANTAN. *Atelier de Mouleurs.* — Il n'y a pas à revenir sur les qualités de coloration délicate qui sont le propre de cet artiste, et signalées déjà ici à propos de l'*Atelier de Potiers.*

Aux charmes qui faisaient tout le mérite de ce dernier envoi de M. Dantan, l'*Atelier de Mouleurs* joint la séduction d'une touche rendue plus spirituelle encore par la nature même du sujet, plus varié et plus gai que le précédent.

Les tons de chair humaine dans ce milieu de chairs de plâtre sont traités avec un entrain et un à-propos ravissants. Les voilà dans le déshabillé de leur fabrication, ces figurines du commerce d'œuvres d'art avec ou sans droits d'auteur, *Vénus de Médicis, Vénus de Milo,* fragments des bas-reliefs des *Propylées,* etc. La promiscuité de ces vénérables débris d'une civilisation lointaine et des outils du manouvrier accentue agréablement l'intensité de la couleur locale. Et l'intimité du sujet est singulièrement rendue attirante par la vue de ce « bon-creux » qui est là à droite, exécuté avec un brio et une prestesse de doigté vraiment prestigieuse.

Nous sommes très amusés de les voir ainsi fragmentés sous l'outil du mouleur, et de les pénétrer dans le secret de leur empreinte, de leur estampage, ces statuettes ou ces bustes, dont quelques-uns vont devenir des manières de passants de la rue. Nous les reconnaîtrons sans nul doute, et nous les saluerons d'un petit signe de tête amical lorsque nous les retrouverons plâtres de Savoyard, décorant les parapets de nos ponts, où ils ont au moins le mérite de mettre une note d'art, si rare en pareil lieu depuis que les ingénieurs ont usurpé le monopole de l'architecture.

E. BERTIER. *La Bouquetière.* — Un joli motif de Paris vivant, mais vivant des élégances mondaines, cette bouquetière aux jolis yeux de faubourg, de faubourg Saint-Honoré, de faubourg riche, s'entend.

Une bouquetière, n'est-il pas vrai, c'est Paris enseveli sous les fleurs, et aussi sous les séduisants attraits de la Parisienne au nez mutin et au pied léger ? Femme et fleurs, c'est tout un. Il y a si près des joues fraîches de la *Bouquetière* de M. E. Bertier aux pétales de roses dont sa main droite lie les queues d'un geste si galant !

Devant un aussi joli minois où l'on voit que la beauté gracieuse est une habitude, on se prend à déformer ce refrain du xviiie siècle au profit de la *Bouquetière* de M. Bertier : « Oh ! les petites maisons des *fleurs!* » Cette jolie personne qui nous regarde si doux en nous vendant ses fleurs est une Pari-

Chicot. — *La Mort de Mathô.*

sienne de nos jours. Elle n'est plus comme sa devancière d'il y a cent ans, coiffée

..... Du bonnet à picot
Monté tout frais en misticot.

Ses cheveux, négligemment noués sur son crâne d'oiseau, retombent coquillés de frisons sur son front clair. Cerclée au col d'une « petite oie » de velours noir, comme aurait dit Mascarille, elle sait mettre en valeur tout l'éclat de son épiderme qu'on dirait cueilli là tout près, sur la table aux bouquets. Elle a une chair de reposoir, cette belle marchande de fleurs, une chair fraîche et tendre comme une fleur de la Saint-Jean. Et l'on trouve bon que l'artiste ait mis à la peindre le meilleur de sa libre facture, lui versant les plus coquettes clartés de sa palette.

M. BOUCHARD. *Namouna.* — Un sujet romantique servant de texte à une scène de mœurs orientales. L'Orient, d'ailleurs, appartient en droit aux triomphes de la période romantique. Depuis Byron, qui en mourut sur place, jusqu'à Musset, qui s'en expliqua comme Méry à la lueur d'une invention puissante, c'est un pays fréquemment exploré. Et le tableau de M. Bouchard nous affirme qu'on n'en revient jamais avec un chargement inutile.

M. GROLLERON. *Buzenval.* — Ce peintre me paraît appelé à prendre dans le genre qu'il a choisi une place très honorable. Il a un sens très vif des compositions ingénieuses. La bataille lui apparaît par le côté pittoresque et animé de ses imprévus. Et puis, artiste français, il sait écrire une page d'histoire réellement française, sans ce faux sentimentalisme et sans cette faconde qui ont attelé, depuis quelque dix ans, tant de vaillants peintres français à la remorque de la gloire prussienne.

Pour ma part, je sais un gré infini à M. Grolleron de son entente du combat de Buzenval. Elle était à écrire, assurément, cette belle page de la vie de Paris assiégé. L'écrire par les moblots, c'est bien. Et l'écrire sans appeler à la rescousse l'effet plus ou moins heureux du casque pointu, c'est mieux.

Nous les avons assez vus dans nos tableaux militaires, ces casques à pointe de cuivre, et ces fusiliers du fusil à aiguille.

D'autre part, Buzenval est un fait d'armes presque exclusivement parisien. A tort ou à raison, c'est Paris qui l'a voulue, cette sortie. C'est Paris qui l'a réclamée, cette bataille, Paris qui ne voulait pas tomber sans coup férir et sans arroser d'un peu de son sang le territoire qui est sien. Les mobiles de M. Grolleron, dans leur tournure pittoresque, dans leur bravoure un peu indisciplinée mais vaillante, nous racontent en langage parisien le dernier acte d'héroïsme de la capitale française pendant l'année terrible.

Ces soldats improvisés nous disent mieux, et en termes plus précis, ce que fut Paris sous l'obsession allemande, que tous les uniformes germains, bleu bavarois ou vert de Saxe combiné, ne nous en ont jamais dit, fussent-ils peints par M. de Neuville, le virtuose du bleu de Prusse (1).

M. GERVEX. *Portrait de M. Alfred Stevens.* — On conçoit qu'un artiste de la valeur de M. Gervex ait considéré comme une bonne fortune de pourtraire un artiste de la valeur de M. Stevens.

Revenir ici sur les qualités techniques, qualités de premier ordre, qui sont l'essence même de la palette de M. Gervex, serait ouvrir le champ aux redites de toute espèce. Dans ce portrait, comme dans ses meilleures toiles, M. Gervex s'est montré peintre dans la plus ferme et la plus brillante acception du mot.

---

(1) Notez que M. de Neuville n'est jamais aussi habile peintre que dans celles de ses toiles où l'uniforme prussien arrive comme personnage principal. Je tiens compte, sans doute, des facilités matérielles à manier le gros bleu de la tunique allemande. Néanmoins, l'uniforme français sort moins solidement peint de la palette de ce peintre. Témoin cet officier prussien du *Bourget*, qui nous montre d'ailleurs ce qu'il a de plus prussien en lui, et est un « morceau » de premier plan très supérieur au reste.

SUZON COQUETTE

Reste à s'expliquer sur le rendu du sujet, ou mieux sur la traduction, sur l'interprétation du modèle.

Une querelle de détail. Pourquoi M. Stevens louche-t-il? lui qui regardait droit avant son portrait de M. Gervex. En revanche, voici une main gauche à demi gantée qui est le plus joli morceau de peinture qu'on puisse souhaiter. Qu'en pense l'*Homme au gant*, du Titien, une merveille, et qu'en pense aussi la

Loewe-Marchand. — *Le premier Meurtre*.

Femme au gant, de M. Carolus Duran, chef-d'œuvre éphémère tourné en papier peint dans son cadre du Luxembourg?

Ceci dit, j'arrive à l'ensemble du portrait de M. Alfred Stevens, de tous points remarquable par sa composition toute parisienne et très conforme à l'esprit du modèle.

Qui est ce monsieur en tenue de ville, canne en main, cigarette aux doigts, coiffé de son chapeau haut de forme? Un peintre? Eh! oui, et un fameux encore, puisque c'est M. Alfred Stevens. Peut-être vous fallait-il un portrait à accessoires explicatifs, un portrait en costume composé, chemise d'une coupe spéciale, manchettes plus ou moins plissées, flots de cravate envolés sur une épaule, en un mot un portrait à attributs, un Alfred Stevens en palette? Pourquoi pas un Stevens en Louis XIII aussi?

Non, non! M. Gervex, en vrai Parisien qu'il est, placé en face d'un autre vrai Parisien comme lui, sait le prix de ces condiments d'art bourgeois, relégués au rancart de la mode et du goût dans la garde-robe du petit cabotinisme impuissant. Lui et son modèle, tous deux raffinés du même raffinement boulevardier, subtils de la même subtilité, sceptiques du même scepticisme ironique et hautain pour qui ne leur ressemble pas ou ne les vaut pas, augures de la « blague » d'atelier, n'auraient pu se regarder sans rire, ainsi occupés à se peindre dans la pose de leur métier.

Entre gens de même envergure, de même capacité intellectuelle, qui savent la valeur des mots et la dynamique des gestes, les choses doivent se passer plus simplement, sobres, sans phrases inutiles, sans airs de tête à banderolles, sans acrostiches non plus, en un mot, comme un homme d'intelligence s'explique avec un homme d'intelligence sur un homme d'intelligence. De pareils dialogues s'écrivent ou se parlent en pleine clairvoyance des choses et des êtres, dans un sain esprit de vie vivante et de critique réciproque, sans le traditionnel écart d'épaules du cabotinisme qui « se gobe ».

Qu'on peigne un militaire en uniforme, soit. Dans l'armée, le costume est une tradition qui fait la loi, loi indispensable comme une nécessité. Mais les arts d'écrire ou de peindre peuvent-ils avoir rien à démêler avec les exigences de mise en scène professionnelle? Pour un portrait d'écrivain ou de peintre, nous ne croyons pas urgent aujourd'hui de faire appel à l'auréole des attributs. La ressemblance nous suffit, ressemblance de visage et de gestes surtout. Et nous pensons qu'un artiste est bien plus lui-même par les divers accents de sa personne que par la plume qu'on peut lui mettre en main ou par son pouce passé dans une palette.

A ce propos de portraits à accessoires professionnels, une note prise sur nature, et que je crois typique pour fixer une discussion.

Gravissant un de ces jours derniers la côte des Martyrs, le Pincio de Montmartre, je rencontre un photographe occupé à photographier les façades des boutiques et leurs boutiquiers. L'objectif était braqué sur une devanture de charbonnier, où des bûches dessinées en rondelles sur les auvents jaunes disparaissaient sous un épiderme de crasse noirâtre. Toute la famille du patron s'était assemblée sur le seuil, la figure marbrée de poussier et de traces de doigts, les dents blanches, les lèvres pourpres marquées aux commissures d'une petite tache de boue sale, les conjonctives irritées, bordées de rose. Souriants et s'épaulant les uns les autres, ces braves gens se tenaient encadrés dans la porte d'entrée sous le petit chemin de fer de l'enseigne peinte.

Plus grand, le visage niais, casquette en tête, le bras gauche relevé en courbe et passé dans l'anse de la corbeille qui porte en ville les commandes

BRILLOUIN. — *Plaine de Saintonge.*

de vin au litre, le garçon de corvées émergeait de ce tas de nègres d'Auvergne. Le corps glissé dans son tablier de grosse serge, le geste nigaud, ce grand garçon voulait son portrait en tenue, avec ses attributs, dans sa tenue et avec ses attributs à lui, garçon charbonnier marchand de vin. Il était allé le chercher, son panier, et il l'avait mis dans la pose, la pose des courses en ville, sur l'épaule. Il y tenait à son panier. Et il avait toute raison d'y tenir, lui qui n'était rien sans son panier. Il y tenait à son panier, en tant qu'accessoire descriptif de son individualité, accessoire indispensable, signe particulier mais capital de sa vie mercenaire. Et il y tenait, en vue d'un portrait à envoyer complet au pays, comme un troupier récemment promu caporal tient à se faire photographier en galons, les bras devant.

L'air béat de ce grand bêta, son air content et amusé d'enfant qui va se voir en image m'ont donné du coup la mesure des portraits à attributs, les portraits professionnels. En raison des gens à qui ils conviennent, ou qui les réclament, on sait le poids d'estime artistique qui leur revient.

Toutes proportions gardées, cette histoire de charbonnier juge le cas de M. Gervex peignant en son confrère M. Stevens l'artiste dans toute l'étendue de sa personne et non le peintre dans le particulier de la branche d'art qu'il cultive.

L'art du portrait doit être l'art de dire des gens ce qu'on pense d'eux, et surtout de dire aux gens ce qu'on voit en eux. Or, ici, on trouve bon que M. Gervex nous ait montré M. Stevens comme nous le connaissons tous, dans le plein de ses allures de tous les jours; tel qu'il est à son atelier où souvent il travaille chapeau en tête, en Parisien qui laisse à son pharmacien le monopole du bonnet grec; tel qu'on le rencontre sur la terrasse de Tortoni; ou bien tel qu'on le voit là-haut, sur les trottoirs suspendus de l'École des Batignolles, parlant art, discutant ses contemporains, tirant sur Paris et ses habitants ses mots railleurs et pittoresques qui viennent frapper sec comme des balles de revolver sur les glaces de la « Nouvelle Athènes ».

Tant qu'à faire un portrait du peintre Alfred Stevens, il nous le fallait ainsi dans la pose abandonnée et un peu roulante de ses allures habituelles. Il nous le fallait dans sa tenue de peintre des élégances parisiennes, dans le costume où il peut nous arriver de le rencontrer demain au tournant de l'avenue Frochot, dans la fanfare de sa chanson boulevardière, gouailleur et sceptique. Il nous le fallait aussi avec sa canne, cette canne qui le suit dans toutes ses excursions à travers la société vivante et lui sert si souvent d'appuie-main à ce peintre de la vie actuelle. Il nous le fallait surtout avec son chapeau.

Sans doute, ce diable de chapeau, M. Gervex ne nous le montre pas dans une assiette bien ferme. Mais en ceci, il partage le sort de tous ses pareils qui ont risqué la même aventure. Ce chapeau haut de forme nous tient au cœur. Nous en voulons l'image. Nous le cherchons. Beaucoup s'y épuisèrent. Nous ne le tenons pas encore. Soit qu'il coiffe mal ou qu'un secret nous échappe, personne n'a encore réussi à prouver que ce n'était pas chose très difficile que d'asseoir un chapeau de soie sur une figure peinte. Tous les modernes, depuis Manet (1)

Delacroix. — *Lavandière.*

jusqu'à M. Gervex, en passant par M. Fantin-Latour lui-même, dans son portrait de Manet, tous l'ont cherché, tous l'ont manqué.

Néanmoins, nous l'avons, le chapeau de M. Stevens. Quoique d'une mise en place discutable, il est là. Point essentiel. Il est même assez ressemblant pour que nous prenions plaisir à le voir ici, tel que nous l'avons tous vu, tel que tout le monde le connaît, avec ses bords plats, dont la courbe tourne

(1) Le portrait de M. Antonin Proust, et la moitié de monsieur de *Nana*, tous mal coiffés.

et s'envole un peu « bohème », à droite, pour verser un tantinet sur l'oreille gauche.

Ah! le chapeau de Stevens, s'il est un chapeau qui ne soit point un accessoire, mais un principal, c'est bien celui-là. Croyez-bien que pour beaucoup de gens le peintre Stevens ne se reconnaîtrait pas sans son chapeau. Dans une foule, au vernissage par exemple, le chapeau de Stevens passe et on le voit comme un phare. On l'aperçoit de partout. Souvent la figure de l'artiste est perdue dans un groupe. Mais son chapeau est là, comme une borne dans l'air, et vous pouvez être certain que si vous le voyez quelque part, ce chapeau, Alfred Stevens est dessous. On dit : Ah! voilà le chapeau de Stevens! Ou bien : j'ai vu passer le chapeau de Stevens. Et on s'y rallie comme au panache blanc.

Pour beaucoup, le chapeau est un accessoire insignifiant, gênant ou inutile. C'est un zéro, on le retire. C'est une valeur chez Stevens, une valeur qui compte dans sa personnalité au même titre que le nez de Cyrano de Bergerac ou la moustache en virgule de Molière. Aussi, on le regarde, et il le garde. Dans cette fraction de détails, dont l'ensemble constitue tout un caractère d'individualité, le chapeau de Stevens est au numérateur. Tout le monde le sait. Et dans le monde artiste, le chapeau de Stevens compte comme la colonne Vendôme dans une excursion d'Anglais. C'est la chose que tout le monde a vue.

En lui donnant l'importance qu'il a dans son tableau, M. Gervex savait très bien ce qu'il faisait. D'un côté, il renonçait à la palette, accessoire superflu et ridicule. D'autre part, il insistait sur le chapeau, principal inséparable de son modèle et nécessaire à la ressemblance.

De la sorte, M. Gervex, en artiste qui sait son temps, suit la mode ou la fait, n'a eu garde de tomber dans l'erreur de goût qui nous a montré Émile de Girardin, l'œil fixé sur la galerie et sur son peintre, posant pour son portrait et pour la galerie, assis à sa table de travail, plume en main, attendant son inspiration polémique des âcres vapeurs de son encrier.

Aussi bien le portrait de M. Alfred Stevens par M. Henri Gervex, malgré ses quelques défauts de détails, est-il dans son ensemble un portrait très artiste d'un artiste par un artiste.

A quand le portrait de M. Gervex par M. Stevens?

LE TRAVAIL.

M. Ch. FRÈRE. *Opération de la névrotomie*. — L'écueil d'un pareil sujet était la vignette de Dictionnaire des sciences médicales. Le danger a été conjuré grâce à une saine entente des effets, et à un bon sentiment de couleur locale. Un des mérites essentiels de cette toile, est le silence qui l'emplit, le silence, le trait caractéristique de la douleur du cheval.

M. GEORGES CAIN. *Le Sculpteur Pajou et la Du Barry*. — Grâce au délicieux volume des frères de Goncourt sur la petite Jeanne de Vaucouleurs,

H. BACON. — *Qui m'aime me suive*.

fille naturelle d'Anne Bécu, devenue femme légitime du gentilhomme vert-glauque Guillaume Du Barry, puis favorite du roi Louis XV, homme triste mais bien conservé, nous savons tous à quoi nous en tenir sur cette aimable figurine de l'histoire de France, statuette poncée, proprette, comme un produit de Sèvres, pâte tendre, femme grande et bien faite, belle de mille beautés de détail, bras, pieds, mains et le reste, qui faillit à « jouer les Maintenon dans les annales du concubinage royal », après avoir « fort circulé dans le monde », comme dit Diderot, et « fait frire des poissons dans une auberge ».

M. Georges Caïn, qui est un jeune homme nourri dans son art et connaissant les détours, nous présente Mme Du Barry dans le délicieux équipage de sa fortune. Il n'a pas voulu ignorer une seule des élégances de l'époque la plus élégante du dernier siècle, l'époque poupine et grassouillette des femmes de Louis XV. Et pour cela, il lui a suffi de serrer d'un peu près toutes les délicatesses de fondu et les préciosités de formes qui sont le texte autographe de cet âge passé.

Voici la courtisane à l'époque de son triomphe. Dans cette cour ironique et malveillante où des milliers de spectateurs venus de Paris assiégeaient les avenues ou se pressaient aux grilles du parc pour assister à la présentation, Mme Du Barry a paru. Depuis les princesses, filles du roi, Mmes *Coche, Loque, Graille* et *Chiffe*, jusqu'au dernier courtisan, tout le monde avait admiré « la noblesse de son maintien et l'aisance de ses attitudes ».

Actuellement, elle vit dans le luxe léger, un peu bourgeois, de son château de Luciennes, un vrai boudoir de favorite, où sont accumulés des milliers d'objets d'art, d'un art peu relevé, sous des plafonds où volent des nuages et gambadent des amours. C'est là que Mme Du Barry voit à ses pieds, ses jolis petits pieds de courtisane, les princes du sang, les plus nobles familles de France, et les femmes mêmes, « ces grandes dames si longtemps hostiles et dédaigneuses ».

C'est aux meilleurs artistes du moment qu'est confié le soin de reproduire cette beauté du jour. Beauté incontestée. Le comte Jean Du Barry lui-même, le *Roué*, ce gentilhomme au coup d'œil de maquignon, grand brocanteur de jolies filles, le confessait dans son jargon de connaisseur : « Le matin quand elle se lève, elle est belle, jolie, fraîche comme rosée : il faut en convenir, elle est ravissante. »

Voici pour l'heure et le temps choisis. Quant à la forme donnée à ce charmant récit, M. G. Caïn n'a rien négligé pour serrer du plus près possible les élégances du temps. Son plus grand souci paraît avoir été de ne rien omettre pour bien marquer l'apothéose de cette beauté aux yeux bleus, contrastés du brun des sourcils et des cils, et dont le siècle comparait l'éclat du teint à une « feuille de rose tombée dans du lait ». Le décor qu'il a choisi pour placer sa scène révèle chez le jeune artiste un goût vif des accessoires heureux, gais. La composition est rendue aussi agréable par le choix intelligent du sujet, la coloration délicate des étoffes et des fonds que par le groupement des personnages. Ils sont tous là dans l'élégant équipage du temps et de leur situation, soulignant bien à notre esprit l'empire tout-puissant de la jolie femme pendant le règne de Louis XV.

Au demeurant, nous avons là un fort agréable tableau de genre, où l'on est heureux de voir un vif esprit de narration rehaussé des agréments d'une brosse qui s'affirme, d'une touche qui se précise et s'accentue.

M. BOURGONNIER. *Danaé*. — Un antique sujet qu'il est toujours loisible à un artiste sincère de rajeunir par les détails de la mise en œuvre.

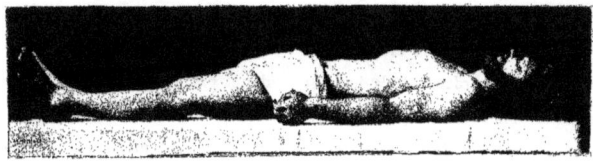

HENNER. — *Le Christ au Tombeau*.

La *Danaé* de M. Bourgonnier marque peut-être une trop vive préoccupation du *Rolla* de M. Gervex. La vieille femme qui plonge la maigreur de ses mains avides dans l'or épandu sur le plancher donne de ce vieux thème une philosophie très moderne, quelque chose comme cette légende d'un croquis de Gavarni : « Oh ! monsieur, sans mon vieux serpent de mère, je ne serais pas ce que je suis ! »

M. VAYSON. *Le Printemps*. — Tout ici se passe de bonne grâce et en peu de paroles. Cette toile est une très séduisante chanson de printemps chantée dans un vallon qu'allume de sa jeunesse la note blanche et tendre du pommier en fleurs. Comme à son ordinaire, M. Vayson s'est montré ici un excellent peintre, un artiste armé d'une conscience saine et habile à grouper les sujets.

M. BURGERS. *Le Baptistère de Saint-Marc.* — Sujet charmant. C'est un baptême. La scène se passe dans cette miraculeuse construction de l'art byzantin dont Venise, à juste titre, se montre si fière. Mais l'intense poésie de ce clair-obscur de Saint-Marc qui a ses charmes, a bien aussi ses difficultés. Et elles sont grandes.

M. LAUGÉE. *Le Battage des œillettes.* — Nous connaissons dans l'œuvre de ce peintre de plus heureux jours que celui où il a conçu ce tableau, exécuté dans le clair de lune de M. Bouguereau, d'un geste général un peu trop monotone.

M. RAPHAËL COLLIN. *Été.* — Voici à la fois un des plus vifs et des plus légitimes succès de l'année, et une des plus jolies pages de l'art moderne.

M. Raphaël Collin est décidément un maître dans l'art des chairs délicates, et des tendres ardeurs de la jeunesse traduites par les claires fraîcheurs de l'air et de la lumière. Qui ne se souvient encore de sa délicieuse *Idylle*, exposée il y a deux ans, et si vivement applaudie par ceux qui sentent et aiment toute la douceur d'un chapitre de Daphnis et Chloé, ou sont heureux à la vue de l'amour de Paul et Virginie, éclos en plein air, à l'ombre des grands arbres cependant que, sur les branches, le rossignol chante clair et doux.

Le peintre de l'*Été* a sa palette pleine d'échos de cet ordre. Rien de frais, rien de suave, rien de limpide comme sa façon d'interpréter la figure humaine dans le décor de la nature. Toutes les finesses, il les sait, et il les aime en amant délicat qui connaît et pénètre la vie par ce qu'elle recèle de grâce et d'agréable distinction.

En présence de ces femmes nues assises dans l'herbe, souples et ondoyantes, ou bien debout au bord d'un lac transparent, grandies de toute la noble langueur d'une beauté qu'elles n'ignorent point, je ne me sens aucun besoin de rapprochement entre le faire de M. Collin et celui de M. Puvis de Chavannes. Si c'est par la courbe du dessin, j'avoue que rien ici ne me rappelle la conception particulière de l'auteur du *Bois sacré*. Si maintenant on veut voir un lien de famille entre ces deux artistes, dans le principe de ce que des coloristes

Axilette. — *Portrait de M. Delaplanche.*

heurtés, à la façon de M. Carolus Duran, pourraient appeler la décoloration des tons, alors je dirai que peut-être on est dupe ou victime d'une apparence.

Je ne reprendrai pas ce que j'ai écrit plus haut touchant le relatif de la couleur et l'absolu de la lumière. Ayant à expliquer mon admiration pour l'éclat du *Bois sacré*, j'ai tenté de dire la différence entre le coloris et la couleur. A ce point de vue, non plus que M. Puvis de Chavannes, M. Collin n'est pas un coloriste. Mais l'un et l'autre décolorent-ils ? Je ne le crois pas. L'un et l'autre, à mon sens, avec une palette fort distincte, peignent dans la lumière du jour, la lumière qui, étagée comme c'est ici le cas par valeurs sur valeurs, prend un éclat qui chante plus haut que toutes les couleurs complémentaires possibles, éteint et fait baisser comme un phare qu'on soufflerait les plus violents des tons d'un coloriste. Et ceci parce que la couleur est relative, et que la lumière est invariable.

Cette identité d'idéal peut-elle suffire à justifier un rapprochement définitif entre le *Bois sacré* et l'*Été*. Au nom du génie que je proclame chez le peintre du *Bois sacré*, j'aurais mauvaise grâce à récuser la parenté de M. Collin. Mais je suis persuadé que le pastiche, fût-il celui de M. Puvis, ne saurait sourire à un artiste comme M. Collin. En raison des efforts qu'il marque vers une originalité très intense, je crois bien faire en dégageant M. Collin d'une accusation que d'aucuns ont la perfidie de signaler comme une faiblesse. Deux chrétiens sont-ils de la même famille, parce qu'ils sont chrétiens tous deux ? La raison familiale comporte des liens plus étroits et des similitudes plus grandes.

Et ceci est le cas de M. Collin et de M. Puvis de Chavannes. Ils ne sont point du même sang ; mais ils sont de la même religion, la religion du style s'inscrivant en refrain dans les clartés flambantes de l'hymne à la lumière.

Donc, voilà M. Collin peintre de la famille claire. Il en est que cela désole. Moi, cela me réjouit. Cela me réjouit moins encore peut-être en l'honneur du principe, que parce que M. Collin, qui est un sincère et un bien doué, a l'heureuse fortune de pouvoir mettre sa riche nature et sa saine conscience au service d'une cause que des artistes de premier ordre comme MM. Puvis de Chavannes, Nittis, Fantin-Latour, Lhermitte ou Cazin tiennent pour la bonne, l'excellente, la meilleure.

De ce principe où trônent les puissants souvenirs de la fresque, M. Raphaël Collin se sert en véritable artiste qui ne sacrifie point la majesté du dessin au caprice pittoresque d'une attitude ou d'un effet. Les coloristes seuls, il me semble, sont susceptibles de passe-droits en faveur d'un ton, leur ton préféré. Les peintres de la lumière n'auront jamais de ces complaisances d'humeur. La silhouette qu'ils retracent a ses contours très nets dans l'enveloppe de l'air. Aussi bien sont-ils tenus tous dans le respect de la forme, M. Puvis de Chavannes lui-même, encore qu'on en infère.

M. Raphaël Collin, qui fait tout le long de l'année ses gammes de dessinateur sur le clavier arbitraire de l'art de la faïence, est rompu par cette forte gymnastique aux aspérités de son art. Aussi le voyons-nous, artiste d'une exécution rare, manier avec une aisance et une verve sans pareilles les raffinements exquis de la figure féminine. Ces baigneuses, où circule, sous le pâle de la chair, le rose tendre de la vie, sont des figures d'une distinction absolue. Et comme on aime chez elles, dans la variété lyrique et suave de leurs poses, ces maigreurs filantes de la forme, ces sveltesses longues qui sont l'élégance de la jeunesse!

Jeune elle est cette composition, jeune par la teinte douce de ses verdures, par la clarté azurine de l'onde, par l'argent fin de son ciel, par l'harmonie de ses étoffes d'un japonisme Pompadour et par la ferme gracilité de ses carnations féminines. Jeune il est ce tableau, hors le titre toutefois. Dans cet essaim de jeunes naïades, où l'œil n'entrevoit qu'à peine, dans une buée indécise, ce qui fait l'été dans un cœur féminin, ce chant vibrant d'*Été* paraît venir comme

LA NUIT

l'appel d'une sœur aînée, d'une sœur de trente ans. Lui seul, ce titre, est *Été* là-dedans. Tout le reste est printemps, aurore de la vie. L'été, n'est-ce pas la moisson, la récolte, le passage de la faux qui taille et met en coupe? Et l'on ne coupe et ne cueille que fruits mûrs. Or, ici, je ne vois que buissons en fleurs et senteurs printanières. Le soleil lui-même ne s'y montre pas soleil d'été qui dore et fait flamber la sève bien haut dans les têtes d'épis. Je cherche en vain dans ses reflets sa montée aoûteuse, impatiente de moissonner.

A. GAUTIER. — *Portrait de M. Armand Sylvestre.*

Il faut l'aimer bien cet *Été* de M. Raphaël Collin qui nous met dans les yeux tant de morbidesses féminines, et, dans sa poésie d'une pâte si tendre, nous chuchote à l'oreille tant de promesses d'amour vrai pour l'*Été* qui s'entr'ouvre.

M. PRIOU. *Le Réveil.* — Un joli sonnet matinal, d'une grâce un peu maniérée, qui n'est pas toutefois sans affirmer une certaine fermeté de modelés.

M. PERREY. *Jézabel.* — « Que des chiens dévorants se disputaient entre eux. » M. Perrey a eu sous son outil des heures de jovialité plus grande qu'il n'en montre dans ce groupe, où l'on voudrait pour accentuer le caractère dramatique plus d'ampleur dans la facture générale.

M. BOISSEAU. *La Défense du Foyer.* — Ce Gaulois debout qui garde sa maisonnée le fer en main, est d'une belle tenue. Une très noble tendance désigne ce groupe à l'attention publique. Et l'on doit à l'artiste des louanges sincères pour ses efforts à élargir sa manière.

M. E. BENNER. *Innocence.* — Cette jeune femme qui suit d'un œil candide les miroitements de ses formes dans la transparence d'une onde bleue, est d'un aimable artifice de composition.

M. BERTEAUX. *La jeune Pastoure.* — C'est l'enfance de Jeanne d'Arc que nous raconte cette toile écrite en mineur comme les plus doux nocturnes de Chopin.

L'artiste pour sa composition s'est tenu dans le respect des traditions historiques et mystiques de son sujet. M. Joseph Fabre (1), qui vient de mettre à la portée de tous ces bons et délicieux documents que nous aimions, a eu bien soin de noter ceci : « Jeanne avait commencé à entendre ses voix dès l'âge de treize ans. A mesure qu'elle grandit ses visions devinrent plus fréquentes. »

Ses voix, elle les entend ici : combien nous sommes heureux de l'image où le peintre essaie de nous retracer ce curieux état d'esprit de celle qu'il appelle doucement « la jeune pastoure ». Le mépris des seigneurs de Charles VII disait « bergerette ».

« Bergerette », oui. Mais bergerette du troupeau de la France, bergerette gardienne de l'idée de patrie, bergerette missionnée sur terre pour sauver le lys de France de la gueule avide des trois lions d'Angleterre. Bergerette raillée par les nobles, brûlée par le clergé, mais aimée, adorée du bon peuple français, car il croyait en elle, le peuple. C'est lui, le tout menu peuple, qui se cotisa pour lui fournir un équipement, à cette étrange visionnaire de la vision de la France.

Poème sublime d'inexplicable et de surnaturel que cette histoire, non

(1) Joseph Fabre, *Jeanne d'Arc, libératrice de la France, Procès de Jeanne d'Arc*, 2 vol. Delagrave, éditeur.

Friant. — *Le Coin favori*.

légende, de Jeanne d'Arc. Et M. Berteaux, comme M. Joseph Fabre, a fait œuvre pie en nous la remettant sous les yeux. Si le livre publié par M. Fabre a toute la vertu du document authentique et précieux, le tableau a toute la saveur d'une délicieuse œuvre d'art. Le peintre a insisté avec un goût infini sur le côté mystérieux et profondément lyrique de cette vie extra-humaine de Jehanne la Pucelle. Le sentiment qui l'a guidé est d'une délicatesse enivrante. Oui, c'est bien Jehanne, la fillette qui marche dans le bleu nuit d'une nuit claire comme sa vision, nuit pour nous simples humains, mais bleue du bleu de la lumière et claire pour elle seule, la divine fillette, pleine de ciel en elle et pleine de l'au-delà des mystères de l'histoire.

M. GASTON MÉLINGUE. *Le Droit de la première nuit*. — Ce vassal payant à son seigneur botté le droit de se soustraire au fameux droit dont les gentilshommes galants regretteront toujours l'abolition, forme une scène composée avec entrain.

Une jolie finesse d'observation marque l'attitude gênée, quasi honteuse de la jeune épouse. Et ces pièces de monnaie une à une comptées, viennent là comme un amusant propos de jalousie maritale. Le seigneur en prend son parti. Et son sourire ne fait rien pour nous dire ce qu'il aime mieux de son droit de seigneur ou de sa prébende.

Cette toile peut compter parmi les bonnes que M. Gaston Mélingue nous ait données. Le dessin en est suffisamment serré, et l'exécution facile et brillante en est très agréable. Si M. Gaston Mélingue est décidé à fixer son talent dans ce genre où l'esprit se marie agréablement à la couleur, c'est une évolution dont il convient de le féliciter.

M. CHIGOT. *La Mort de Mathô*. — Flaubert, ce penseur au large cerveau et à la main puissante, n'est point de ceux qu'il soit très aisé de suivre dans ses excursions de géant. Je crois que pour le bien traduire par le pinceau il faut avoir beaucoup de « lettres » en soi.

Question littéraire à part, *la Mort de Mathô* est une composition où il se voit une trop grande cacophonie. Le tumulte de la foule manque d'ampleur. Et puis pourquoi ces réminiscences? *Mathô* dit le livret de cette année. Il y a deux ans, à l'embonpoint près, il disait *Vitellius* et signait : Rochegrosse.

M. AIMÉ MOROT. *Dryade*. — Ce peintre, qui est un exécutant de la belle espèce, a pris plaisir cette année à nous montrer comment il savait modeler les morbidesses de la femme vivante.

Mollement accoudée au bord du miroir d'une source, les bras levés pour couronner de fleurs sa tête de coquette, la *Dryade* est un morceau de peinture d'une exécution délicate, rayonnante de saveur et de vie. Ces formes rondes, pleines et fermes de la fermeté de leur jeunesse, sont empreintes de toutes les vénustés de leur sexe.

Est-elle belle cette *Dryade* d'une beauté absolue? Oh! depuis que Stendhal a mesuré la beauté par unités comme une machine à vapeur, on se sent très incertain sur le terme d'une beauté vraie. Mais, si comme le veut, à juste raison, le même auteur de *l'Amour*, la beauté est tout simplement la « promesse du bonheur », soit d'idéal variable, voilà certes une bien belle *Dryade*. Comptez qu'elle est moins nue que déshabillée.

M. HENRY DELACROIX. *La Lavandière*. — Tout est pittoresque pour un œil artiste, voire même le simple métier de blanchisseuse. Pour l'agrément de sa toile, M. Delacroix y a mis la poésie de la lumière. Chose remarquable, c'est de la lumière diffuse du plein air qu'il s'agit. M. Delacroix, qui a débuté

LES MERCENAIRES DE CARTHAGE.

C. Marioton. — *Le Travail guide la Fortune.*

comme un romantique à tous crins dans les tons dantesques, a modernisé son idéal. C'est sa palette lavée qu'il nous montre aujourd'hui, trop lavée peut-être, délavée presque à force d'être pâlie. Néanmoins, il faut applaudir à l'effort. Le geste général demeure encore trop solennel. Cette lavandière est d'une noblesse d'un autre âge. Son torchon se développe majestueux comme le manteau de don César de Bazan.

M. BRILLOUIN. *Plaine de Saintonge.* — Paysage écrit dans un excellent sentiment du ton local.

M. CHATROUSSE. *Histoire de la patrie à travers les âges.* — Sujet très complexe qui se prêtait bien aux développements du bas-relief, où les idées accessoires s'appliquent sur le fond et peuvent s'y dérouler multiples comme dans le texte d'un livre. M. Chatrousse a écrit les grandes dates de la défense nationale par les figures traditionnelles de Vercingétorix, de Jeanne d'Arc et de la Patrie en danger de 1792. Valmy, Jemmapes, Lille, Fleurus sont les épigraphes qui sillonnent le ciel de leur glorieux souvenir. Si l'exécution manque un peu de fermeté, il convient de faire un grand éloge à l'artiste du noble caractère de son intention.

M. LOEWE-MARCHAND. *Le premier Meurtre.* — C'est l'histoire du meurtre d'Abel traité dans une modulation de gris variés, où M. Lœwe-Marchand s'affirme une fois de plus un artiste patient, très curieux de l'exactitude des détails et de la souplesse des modelés.

M. GAUTHERIN. *Le Travail*. — Le rythme de cette statue est-il justement conforme au titre adopté. Il paraît bien assis, ce *Travail* pour n'être point aussi un *Repos*. Simple querelle d'épître. Ce *Travail* ne me donne pas suffisamment la synthèse du mouvement. L'œuvre n'en reste pas moins une très belle figure, étudiée avec un grand savoir et une louable ambition.

M. LHERMITTE. *Vendanges*. — Ce jeune maître est de ceux dont on attend le tableau avec impatience. On sait très bien, quand on le cherche dans la cohue des salles, qu'on va voir quelque chose de nouveau. M. Lhermitte n'est point un faible qui se répète ou se recommence. Le peintre des *Vendanges* n'a aucun lien de famille avec les impuissants qui piétinent sur place. Chacun de ses efforts est un pas en avant, et, qui plus est, un document nouveau et important pour l'histoire de l'art.

Je n'ai point à m'occuper ici, et je le déplore, des magnifiques fusains où M. Lhermitte peint d'une main virile et puissante la vie de tous les travaux humains. Je devais pourtant les mentionner, pour dire que, d'un bout à l'autre de son œuvre, cet artiste obéit aux mêmes préoccupations. Dans la *Veillée* qu'il expose aux dessins, comme dans ses *Vendanges*, cet artiste poursuit l'accomplissement d'une même histoire. Chacun de ces feuillets de papier blanc, ou chacune de ces toiles sur lesquelles il fixe sa pensée, sont autant de feuillets d'un grand livre, où s'écrivent en caractères impérissables les différentes phases de la vie de l'homme qui travaille pour vivre et pour faire vivre les autres.

Comme la *Paie des Moissonneurs*, comme la *Moisson* et la *Fileuse*, les *Vendanges* nous racontent l'épopée champêtre. Le récit se poursuit en termes simples, clairs, et bien marqués de l'empreinte du symbole synthétique. Notez que ces paysans de M. Lhermitte sont toujours les mêmes paysans. Ce n'est point par la variété des visages qu'il entend expliquer la variété des saisons. Ces paysans ont une vie, qui dure des années, et pendant laquelle ils sont occupés à des travaux qui varient suivant l'heure du jour, suivant le jour du mois, ou suivant le mois de l'année. En cela M. Lhermitte est dans les grandes traditions d'Homère, qui écrit son *Iliade* et son *Odyssée* avec les mêmes personnages. Ce n'est point là une formule froidement classique. C'est une formule humaine. Ne confondons pas.

De braves et honnêtes gens, ces paysans de M. Lhermitte. Une belle famille où l'on aime le labeur. Tout y est sain et tout y est probe, dans cette maison rustique. L'ardeur et la besogne n'y chôment pas.

L'an dernier, c'était à la *Moisson* d'été que M. Lhermitte nous les montrait occupés, la moisson d'août, celle des blés à l'épi d'or pâle. Aujourd'hui, les blés sont rentrés. C'est le tour des vignes, aux ceps ondoyants et tordus. C'est la moisson d'automne, celle des grappes violâtres comme des rubis cabochons, ou jaunes comme des perles d'émeraude.

L'œuvre est admirable par l'ampleur du sentiment qui l'anime. Est-ce une scène de vendanges, ou une vendange quelconque? Point. M. Lhermitte a peint ici *la* vendange telle qu'elle s'est faite et se fera de tout temps, dans le rythme éternel du geste humain occupé à une besogne qui renaît tous les ans.

C'est *la* vendange, parce que tout le tableau est rempli de vignes. Et la vigne est l'unique préoccupation du paysan à l'époque des vendanges. C'est encore *la* vendange par la coloration générale. En poète qu'il est, très imprégné des grandes pensées lyriques qui s'écrivent, en dépit des modes ou des goûts du jour, sur le fond éternel du décor de la nature, l'artiste a voulu choisir une heure indécise de la journée pour traduire une saison indécise de l'année.

Prise entre le zénith d'août et le nadir de décembre, la vendange est comme l'équinoxe de la culture. Elle est quelque chose d'intervallaire entre les vertes prairies de l'été et les neiges blanches de l'hiver. La vendange est l'époque des grives, gibier mixte entre la perdrix des jours d'ouverture et la grosse bête qui se chasse à la fermeture sur un parterre de feuilles mortes. Mixte aussi, cette lumière qui passe horizontale sur le tableau de M. Lhermitte, prend en flanc les arbres, ne plonge plus perpendiculaire, mais se couche et s'allonge comme fatiguée sur la crête des coteaux ou sur le dos des vignes mûres. Ce n'est pas le crépuscule encore, et ce n'est plus déjà la vraie lueur du plein jour.

Par là, M. Lhermitte a voulu nous montrer que la vendange, non plus que la moisson, n'est une chose accidentelle. La vendange est de toutes les années. M. Lhermitte a réussi à nous le faire sentir. Par ce temps d'art de chronique, c'est un mérite immense, et un admirable succès. Comptez que toute l'œuvre de cet artiste est conçue dans les mêmes proportions de vues grandes et de caractère éternel.

Ce tableau, qui est la quatrième partie de l'épopée champêtre que poursuit M. Lhermitte, comme ses devanciers, est parti pour l'Amérique. L'œuvre presque entière de M. Lhermitte est là-bas, disséminée dans des galeries diverses, à peu près perdue pour nous. La France a fait pour ce jeune maître ce qu'elle a fait

U. Bourgeois. — *Artémise après la Chasse.*

pour Millet. Elle a laissé accaparer par l'étranger des œuvres dont elle devrait se montrer plus jalouse. On le regrettera un jour.

J'ai déjà eu l'occasion de dire, il y a quelques mois, que J.-F. Millet avait eu l'immense mérite de dégager le caractère de la vie rustique, et d'élever les paysans jusqu'au style. N'oublions pas que M. Lhermitte est de la famille artistique de Millet. Or, il n'y a rien de Millet au Louvre. L'*Angelus* est en Russie. Et presque tous les travaux de M. Lhermitte, y compris les *Vendanges*, sont au delà des mers.

M. DE SAINT-VIDAL. — *La Nuit* est une allégorie où toutes les figures sont groupées dans une grâce aimable.

M. LUMINAIS. *La Fuite de Gradlon*. — C'est le dernier épisode de la légende qu'on raconte encore dans la baie bretonne de Douarnenez, la légende de la ville d'Is, Ker-Is en celtique, « prétendue Atlantide » (1), qui à une époque indéterminée, vers 444 peut-être, aurait été engloutie par la mer.

« Nous autres Celtes, a dit le récent discours de Tréguier, nous ne serons

G. CASTIGLIONE. — *Amalfi, Italie* (XVIe siècle).

jamais pessimistes. » Or, la cour du roi Gradlon (2) donnait beaucoup de journées et beaucoup de nuits aux rasades du vin de l'amour ou du sang. « Quand je ne guerroie pas, disait ce vieux roi de soixante-neuf ans, il faut que je festoie. » Dahut, la belle Dahut sa fille, qu'il appelait du doux nom d'Ahez, avait comme lui le goût des plaisirs de haute graisse et des nuits d'orgie. Comme ses aïeux les vieux Celtes de l'île de Bretagne, elle avait toutes les robustesses et

---

(1) Ernest Renan, *Souvenirs de Jeunesse*, préface.
(2) Gradion, Grollit ou Grallon, créé comte de Cornouailles par Salomon Ier, roi de Bretagne, allié des Romains, était originaire de la Grande-Bretagne. Il était venu en Gaule celtique pour succéder à Salomon, tué par ses sujets dans une émeute provoquée par son zèle pour la réformation des mœurs. Gradlon passe pour avoir été le principal auteur du meurtre de son prédécesseur. Dans la paroisse de Ploudiry, diocèse de Léon, le lieu où Salomon fut tué porte encore le nom de *Merzer-Salaün*, martyre de Salomon.

cédait à toutes les fortes fantaisies de sa race. « Mariez-la », répétait, avec le zèle implacable d'un néophyte, Gwenolé, nouveau converti au christianisme, conseiller intime de Gradlon. Pour plus de sécurité dans l'accomplissement de ses projets, Gradlon fit savoir à la belle Dahut qu'elle ne verrait son fiancé qu'au jour nuptial. Ce jour-là, il y eut un farouche festin au palais d'Is, dont les jardins suspendus couraient en terrasses sur la tête des flots. On y but comme des Scythes. « Mes amis, le sommeil me gagne, dit Gradlon un peu chancelant sur son siège, je vais dormir. — La clef de vos appartements est dans ma chambre, venez la prendre quand il vous plaira », ajouta le roi en se tournant vers son gendre.

Dahut, que le feu des libations troublait elle aussi, son père parti, alla sur une terrasse respirer dans la solitude l'air frais de l'Océan qui remuait doucement aux pieds du château en liesse. « Tiens, c'est toi, mon bon ami Guitor. » Elle sait où son père a caché la clef de sa chambre. Elle sait aussi que son époux est demeuré dans la salle du festin à chanter avec les autres, et à boire la *cervoise* dans les hanaps aux ciselures d'argent. Guitor ira l'attendre dans sa chambre. La clef ? Dahut elle-même ira la prendre. Et sur la pointe de ses petits pieds de princesse, la voilà dans la chambre de son père, que les vapeurs du vin assomment, volant une clef, sa clef à elle, cette clef que son père lui avait retirée en apprenant ses désordres.

Mais, dans sa précipitation, Dahut s'est trompée.

Guitor sait pourtant bien le chemin des appartements de Dahut. Malgré la nuit des longs couloirs, il trouve les portes. Toutes résistent. Enfin une cède et roule lourdement sur ses gonds. Soudain, un bruit formidable de cataracte emplit le silence de la ville endormie et domine les cris de fête du palais. C'est l'aboiement d'un déluge. Guitor est emporté dans une masse d'eau dont les bouillonnements l'étouffent et le broient. Des cris et des sanglots montent de la ville qui se noie, violée dans son sommeil par la mer accourant sur les toits. Dahut avait pris la clef des écluses de la ville.

La panique et l'effroi sont partout. Chacun fuit comme il peut. Gradlon réveillé enfourche un cheval nu qui passait, emportant Dahut dans ses bras. A ses côtés galope Gwenolé, tenant en mains le précieux coffret des bijoux royaux. En vain Dahut a jeté en pâture à la mer tous ses joyaux pour apaiser sa furie. La

P. FOURNIER. — *Chansonnier.*

ville s'effondre. Les édifices craquent et s'écroulent dans un fracas lugubre et sourd d'orage sous-marin. Déjà Ker-Is est submergée. Le flot qui marche toujours gagne de vitesse les deux chevaux du roi et du moine. Celui de Gradlon n'en peut plus. Son double poids l'écrase.

Alors Gwenolé, le saint farouche, terrible représentant dans cette légende d'un dieu vengeur, se penche à l'oreille de Gradlon : « Débarrasse-toi du démon que tu portes en croupe. » Le vieux père a peur de comprendre. Mais le saint a parlé. Et Gradlon, écartant les deux bras, pousse Dahut dans la mer qui la veut.

Aussitôt un air d'apaisement passe sur les eaux. La vigueur ressaisit aux membres le cheval de Gradlon. A la mer basse qui montre encore aujourd'hui des ruines et des morceaux de murailles, les bons paysans de Bretagne, gardiens jaloux des légendes locales, font voir l'endroit où Dahut fut jetée. Le lieu s'appelle *Toul-Dahut,* limite sacrée que jamais depuis l'Océan n'a franchie.

Tel est le sujet choisi cette année par le peintre Luminais, et par lui traduit avec la simplicité forte d'un Augustin Thierry. Si j'ai cru devoir en retracer les traits principaux en me servant des vieux récits de Pierre de Baud, des dates données par Morice et des renseignements publiés au mois de juillet dernier (1) par M. Georges Bastard, c'est que le procès fait au tableau de M. Luminais portait beaucoup sur le choix du sujet. De ce que quelques-uns ignorent le vieux monde celtique, aux apologues radieux, on a conclu un peu vitement, peut-être, que M. Luminais avait eu le grand tort d'exhumer un sujet ignoré, de valeur secondaire, une manière d'historiette.

(1) *Figaro*, supplément.

Après ce qu'avait donné à entendre M. Renan sur l'histoire de la ville d'Is, « une des légendes les plus répandues en Bretagne », ce pays où l'histoire est légende, M. Luminais pouvait à juste titre espérer mieux. La curiosité aidant, la *Fuite de Gradlon* pouvait avoir l'attrait d'un document nouveau de l'érudition courante. Il n'en fut rien, car notre époque scientifique, qui croit à l'atavisme, ne tolère pas les légendes. Et le peintre eut à en souffrir.

Quoi qu'on en ait, sachons gré à l'artiste de nous avoir mis sous les yeux cet épisode d'un monde mal connu. Sachons-lui gré surtout de l'avoir fait avec ce magnifique sentiment de l'histoire qui ne l'abandonne jamais dans ses consciencieuses recherches à travers le rétrospectif des anciens siècles. Il faut bien le reconnaître, M. Luminais est un admirable interprète de cette société intermédiaire qui fut la société gallo-celtique. La psychologie de nos grands et solides aïeux, au poil fauve, hardis fanfarons qui lançaient des flèches au tonnerre, lui est très familière. Il en sait le détail et en pénètre l'essence. Car il est de la forte famille de visionnaires où Augustin Thierry, Michelet et aussi Henri Martin furent apôtres.

C'est pour avoir eu comme eux un sentiment puissant de la vérité générale propre aux légendes, qu'il a su démêler l'intérêt de la légende d'Is, apologue semblable au récit biblique du Déluge, comme lui document symbolique de morale primitive. Comptons toutefois que nous ne sommes plus ici en Orient où, sans heurter le sentiment général, les mœurs peuvent divorcer avec la nature. Il s'agit dans le récit de la ville d'Is d'une race occidentale, la plus occidentale de toutes, les Celtes de l'Armorique. Aussi bien l'apologue de Gradlon est-il mille fois plus noble que l'apologue de Gomorrhe, où les mœurs, châtiées par le feu du ciel, n'eurent pas, comme Ker-Is, pour se faire excuser, les désordres et la beauté d'une belle princesse comme Dahut.

Pris en lui-même, le tableau de M. Luminais nous dit une fois de plus que ce peintre sait à miracle l'art de faire revivre l'antan des siècles morts par le rythme général de sa composition. Tout l'effroi de la scène apparaît dans l'allure folle de ces deux chevaux aux crinières en broussailles, qui attaquent le spectateur de front. Cette mer aux tons sinistres et glauques a des tons roussâtres pleins de vérité locale. C'est bien l'hallucination de la terreur qui dilate et déchire le regard de Dahut. Voyez-la se cramponnant contre la mort au bras de son

E. BAUDON. — *Dans mon jardin en Avril*

père, rendu aveugle par l'instinct de la conservation, instinct cruel, et rendu sourd par l'ordre prophétique du moine, traduisant de la part de Dieu l'avertissement terrible qui roule dans le rugissement de la mer.

M. AXILETTE. *Portrait de M. Delaplanche.* — Un bon portrait dans toutes les acceptions du mot. Facture solide et brillante, jolie harmonie d'impression comme aurait dit Poussin, et ressemblance très judicieusement saisie. Ce

T. DUVERGER. — *La Veille du Marché.*

portrait de sculpteur est bien le portrait d'un homme toujours debout, qui ne s'est assis que pour complaire à son peintre. Assis sans pose en toute bonhomie, c'est bien le doux statuaire de l'*Aurore* et de l'*Ensommeillée* que nous avons là devant les yeux, tel qu'il est, brave artiste, solide travailleur, avec un tant soit peu de nonchalance rêveuse dans le regard.

M. OLIVIÉ. *Nouveau-né dans une ferme.* — Ce peintre est très imbu du suc de la vie rustique. Son *Nouveau-né* est une très saine et très jolie étude de mœurs paysannes. Le sujet se développe dans une lumière aimable et vraie, très finement observée. La variété des gestes et des airs de tête, marquée au coin d'un bon esprit d'humeur, donne au tableau une gaieté expressive qui le rend tout à fait sympathique.

M. HENNER. *Le Christ au tombeau.* — Lorsqu'on voit avec quelle miraculeuse splendeur de coloris et d'enveloppe M. Henner sait inscrire la chair humaine sur le fond conventionnel d'un art déterminé, on se sent désarmé. On sent qu'il devient superflu de lui tenir rigueur des faibles efforts de son imagination ou de la monotonie de ses sujets. On ne tient plus à savoir si M. Henner nous a déjà montré ce même Christ dans le même tombeau. La personnalité de ce maître domine à ce point toute idée de pastiche, qu'on est même tout décidé à oublier que, dans le même ordre d'idées, Holbein, Léonard et Raphaël ont pu aller plus loin dans le rendu surnaturel de la tête du divin mort.

On consent désormais volontiers que M. Henner soit avant tout un extraordinaire virtuose de la palette, un lyrique du doigté. Ses qualités de pratique sont si brillantes, sa pâte est si riche, si abondante, si moelleuse à la fois et si ardente sur son fond d'ombres chaudes, qu'on ne veut plus voir autre chose que ces qualités mêmes.

M. Henner est donc un merveilleux maître du morceau.

Qu'il s'agisse d'un *Christ*, d'un *Bara*, d'une *Idylle*, d'une *Nymphe* ou d'une *Madeleine*, ce morceau de chair nue est toujours mêmement ruisselant de transparences nacrées, mêmement rempli de souvenirs corrégiens, montrant mêmement sous le puissant modelé de ses épidermes les mystérieuses palpitations d'une brosse voluptueuse et caressante, où le style monte la garde et revêt tout de sa pudeur.

Que ce style soit plutôt dans les mains que dans l'esprit de l'artiste, il n'importe. Le morceau de M. Henner est toujours admirable et magique. De même qu'on ne saurait dire : « Bête comme un chou », quand le chou est de Chardin, de même on ne saurait dire d'un morceau qu'il ne tient pas du miracle quand ce morceau est de M. Henner.

Voilà tout ce qu'il importe de savoir. Voilà tout ce qu'il est équitable de retenir.

M. DELAHAYE. *L'Usine à gaz*. — Depuis que Nittis a ouvert le premier les portes du Paris pittoresque, ce Paris nouveau s'est prêté à toutes les investigations. La mine trouvée, chacun s'y est donné rendez-vous avec ses curiosités propres. Et la mine fut fertile. Car la vie de Paris est multiple. High-life, bourgeois et travailleurs sont autant de filons qu'il est curieux et attrayant d'explorer.

M. Delahaye est venu armé pour bien fouiller les dessous de notre Paris vivant. Esprit judicieux et animé, il est allé tout droit à la forge où

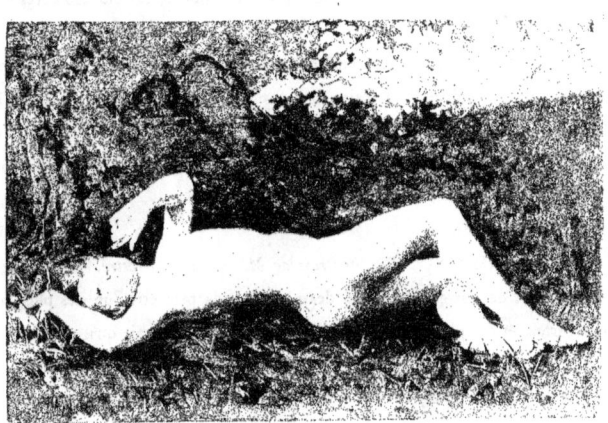

F. LE BRUN. — *Bacchante*.

besogne et peine le moderne Vulcain, forgeron de notre lumière industrielle.

L'Usine à gaz ! N'est-ce pas d'un mot tout l'enfer de la mythologie nouvelle ? N'entrons-nous pas par elle dans les coulisses de ce monde féerique d'où rayonnent et s'embranchent ces milliers de conduits qui, une fois le jour noyé dans la suie de la nuit noire, piquent nos trottoirs et nos demeures de virgules incandescentes, jaunes soleils de nos nuits civilisées, feux follets administratifs ?

M. Delahaye, qui est un esprit fin et un talent alerte, a bien vite démêlé tout le caractère vivant et artistique de ces fourneaux où le jour se fabrique en contrefaçon. Ces grands serpents de fonte, ces flaques d'eau saumâtre, ces tombereaux et ces chevaux aux lourds harnais moussus, ces monceaux de coke et ces ouvriers aux manches retroussées, baignant dans la buée grise de la houille fumante, nous retracent bien tel qu'il est l'atelier où se machine l'âme lumineuse de Paris le soir.

Rien de plus parisien en somme et de plus intéressant que Paris vu de ce côté, vu comme on le voit lorsqu'on arrive de province. L'*Usine à gaz*, c'est presque l'octroi de la grande ville pensante. Dès qu'on les aperçoit, ces colisées de tôle, tortues noires faisant le gros dos dans les terrains vagues de Montrouge ou d'Asnières, c'est Paris qui commence. Pour les gonfler, ces montgolfières captives, des hommes, la tête sertie d'un mouchoir ou encapuchonnée d'un sac de lisière, travaillent et geignent à l'intérieur. C'est d'eux que M. Delahaye vient d'écrire la monographie. Pour plaire, un tel sujet appelait à son secours toutes les séductions d'une palette savante. M. Delahaye, hâtons-nous de le constater, s'en est tiré avec un esprit d'observation et un bonheur de pinceau dont il y a plaisir à signaler tout le charme.

M. AMAND GAUTIER. *Portrait de M. Armand Silvestre.* — Ceci est le portrait d'un de nos confrères, un des plus féconds peut-être, un des plus brillants certes, et des plus amiables aussi. On conçoit tout l'attrait qu'il y avait pour un portraitiste, à fixer sur la toile cette brave et bonne figure d'Armand Silvestre, où Rabelais et Anacréon, ces deux frères siamois de la forte gaieté, ont marqué les grands traits, et où l'ardeur du regard nous dit aussi des choses qui rappellent les vigoureux sonnets de Shakespeare.

Avec une pénétration et un sens parfait du réalisme des gens comme il faut, réalisme assaisonné de sentiment et de poésie, M. Amand Gautier a bien surpris le relief essentiel du caractère de son modèle. La femme est là, entre-bâillant une porte, pour bien définir le prosateur des contes à la façon des *Facéties* du Pogge. Mais Armand Silvestre est un poète aussi, un délicieux rimeur de la phrase scandée. Un peu noyée dans la fumée qui monte d'une cigarette, attribut vivant de l'inspiration moderne, la figure du poète a été saisie dans un moment de rêverie. Avec ses cheveux qui coulent de sa tête en flots épars, cette femme est aussi la Muse. En l'écoutant, Silvestre laisse souffler à son oreille le doux vent du lyrisme.

Voilà bien Armand Silvestre tel que nous le connaissons tous. Avec les pieds

E. FOUBERT. — *Départ pour la Chasse.*

dans la prose moderne et la tête dans l'indigo romantique, le Silvestre du *Gil Blas*, qui est en même temps un filleul de George Sand.

M. SURAND. *Les Mercenaires de Carthage.* — Encore une collaboration avec Gustave Flaubert qui laisse à l'homme de lettres toute la supériorité.

Décidément Flaubert est le mâle, aurait dit Ingres, et la couleur est femelle. La couleur prise ici pour le peintre.

« Quel est ce peuple qui s'amuse à crucifier les lions ? » C'est un peuple fort, terrible, le peuple de Flaubert dans *Salammbô*. Le sujet est d'une grandeur farouche. La main de Flaubert y a suffi. Celle de M. Surand a tout atténué. Voilà une grande pièce jouée sur une petite scène de province. C'est du Flaubert en réduction. Et l'effet dramatique n'est point assez sauvegardé par la puissance ou l'étrangeté du coloris. La gamme des tons est terne. On y cherche en vain l'obus d'une tache vigoureuse éclatant et faisant le fracas nécessaire.

Est-ce à dire que M. Surand n'ait point fait là œuvre hardie et courageuse ? Cette grande toile révèle en lui un artiste plein d'ardeur, et plein de promesses aussi. Les *Mercenaires* sont un très louable effort. Seulement, c'était peut-être pour l'heure choisir un morceau un peu fort. Une autre toile soutiendra la gageure engagée aujourd'hui.

M. FRIANT. *Le Coin favori.* — Ceci est assurément un des jolis petits tableaux envoyés au Salon de cette année. Ce coin d'atelier, cette table de travail que domine comme une madone la *Femme inconnue* du Louvre, ces plâtres artistiques, ces croquis courant sur les murs ou sur les tables décèlent, chez l'artiste qui les aime, un vif sentiment des voluptés de l'art. Ajoutez que le *Coin favori* est bien traité comme une chose qu'on aime, avec un talent délicat et brillant qu'on est tout aise d'applaudir.

M. U. BOURGEOIS. *Artémise après la chasse.* — Panneau décoratif traité d'une main élégante, avec le désir évident de nous rappeler les tapisseries heurtées de la seconde Renaissance française, la Renaissance qui a pour date les règnes d'Henri IV et de Louis XIII.

M. MARIOTON. *Le Travail guide la Fortune.* — L'artiste s'en est tenu ici aux nobles traditions de vérité générale, si propices à la statuaire. Il a su en outre donner à son symbolisme l'heureux cachet de la vie par l'allure moderne et souriante des visages.

M. CASTIGLIONE. *Amalfi.* — Scène de l'Italie du xvie siècle que l'artiste a écrite dans le soleil moderne de la fameuse *Route de Brindisi* qui commença la réputation de Joseph de Nittis. Comme Nittis, M. Castiglione nous vient de Naples, où, tout en discutant encore les procédés de Nittis, on les utilise fort. Disons que le délicieux paysage où M. Castiglione a mis ses condottieri et ses jolies Italiennes, y gagne en élégance, une aimable élégance de vignette, toutefois.

M. ESCALIER. *La Bonne Aventure.* — C'est vraiment un spectacle réjouissant pour l'œil que cette grande toile, toute claire et toute gaie de la belle clarté et de la joyeuse gaieté d'une belle aquarelle. M. Escalier, qui sait à merveille son art d'architecte, sait aussi prendre à l'occasion la palette du peintre pour décorer à sa guise l'intérieur des murailles qu'il fait édifier. Ah! la merveilleuse aventure que cette *Bonne Aventure!* Et comme on se sent tout

AIZELIN. — *Marguerite.*

heureux en la regardant. La bonne aventure est pour nous, certes. Car il semble en la voyant qu'on soit le millionnaire qui l'a commandée, et que le palais où elle doit aller soit construit pour nos délices à tous, tant l'illusion d'optique a été miraculeusement ménagée par l'artiste.

Reprenant les grandes traditions décoratives que la France de Louis XIII empruntait à l'Italie, M. Escalier a peint ici, en pleine envolée de panache, une de ces scènes élégantes où les mensonges des perspectives nous ramènent aux plus beaux jours d'une époque passée. Cet usage d'introduire à l'intérieur des maisons des scènes fictives, jouées par des personnages de décor, marque bien que les seigneurs du xviie siècle redoutaient avant tout les ennuis du détail de la vie. Il s'agissait de tromper la monotonie de l'existence par tous les moyens possibles. Et les artifices de l'art étaient fortement mis à contribution. Cela éveille en nous aujourd'hui des idées de théâtre ou de roman, et dans ces mœurs à grands airs nous sommes disposés à voir une histoire de capitaine Fracasse illustrée par Callot. Mais alors, la vie tout entière, ne l'oublions pas, se déroulait dans les extériorités d'une mise en scène constante. Voyez ces seigneurs qui descendent les marches du palais, et ces mendiants qui chantent et demandent l'obole de leur chanson. C'est la même allure, le même costume, le même panache et la même cambrure du geste. C'est qu'alors, grands seigneurs et mendiants étaient mêmes êtres, ayant mêmes mœurs, indépendantes et fières, n'ayant entre eux que l'épaisseur des lois somptuaires et de la richesse aussi qui paie les belles étoffes.

On voit aux environs de Milan, dans un magnifique palais qu'habitent encore des Visconti, et où Barnabo, le Satan de la famille, transportait ses loisirs d'été et les fêtes de sa cour ducale, des vestibules semblables à celui que vient de peindre M. Escalier. On y marche dans les appartements entouré d'une foule de gens peints à fresques, qui vous regardent passer de leur fenêtre simulée, ou bien du haut de leur terrasse en détrempe, vous saluent de leur chapeau irréel, par-dessus des paysages de perspective aérienne. Et les scènes changent à chaque pas. La peinture devient ici l'annexe de la construction et la compagne habituelle de l'existence. Par l'image de la vie qu'elle sème tout autour de nos têtes, elle est en quelque sorte la vie même, la vie gaie, riche et facile des riches oisifs pour qui la vie n'a point d'aspérités, et dont la cervelle plus ou moins affamée a besoin de distractions comme l'estomac a besoin de nourriture. Et ces distractions qui sont là, écrites en caractères resplendissants, leur sont aussi faciles à prendre, aussi naturelles, qu'il leur est naturel de voir la table mise pour un repas qu'ils n'ont pas eu la peine de gagner. C'est la dure nécessité du travail qui rend la vie triste et nous a faits

H. LEMAIRE. — *Bambini*.

gens pratiques. Les personnages de M. Escalier ne sont point de notre époque. Ce qui explique qu'ils aient si grande tournure et traversent avec tant d'éclat le plein air de leur vie exceptionnelle.

M. BAUDOUIN. *Dans mon jardin.* — Si l'on voulait philosopher plus longuement sur la différence des époques, différence provoquée par la différence des mœurs, il serait curieux de comparer ce petit sujet moderne au grand panneau décoratif de M. Escalier. Ici, la petite bonne sous les arbres; là, les grands mendiants armés sous l'escalier. Là, les grands seigneurs aux épées en verrouil, scandant de leurs jambes arrondies les marches du perron; ici, les riches bourgeois de nos jours jouant au crocket avec de petits maillets, dans un parc qui n'est plus qu'un jardin, et dont le château s'appelle un pavillon. Le triomphe du diminutif est complet.

Dans mon jardin n'en est pas moins une aimable toile, qu'il y aurait mau-

L. DEBRAS. — *Joueurs d'échecs.*

vaise grâce à condamner, au nom même de ce parallèle qui ne peut amoindrir en rien le talent réel de M. Baudouin.

M. DUVERGER. *La Veille du marché.* — Dans une cuisine de ferme une brave paysanne est occupée à émonder le poulet qu'on exposera demain à la vente sous le grand parapluie de la halle. Bon petit croquis de vie rustique où l'enfant qui regarde met une jolie note de détail.

M. GEORGES CALLOT. *L'Enfance d'Orphée.* — Tableau remarquable à bien des égards. M. Callot n'est point un peintre vulgaire. Dans son *Enfance* d'*Orphée* on voit en lui l'aimable chercheur de délicatesses. La figure du jeune fils de Calliope, déjà grandelet, est d'une expression vive et bien trouvée. A droite une jeune femme écrite en pleine et vive lumière, couchée au bord d'un étang, tenant dans la main une lyre que mordille un cygne, — pourquoi ce cygne de Léda ? — est d'un effet un peu vague au point de vue de l'intelligence du sujet, mais très harmonieux au point de vue de l'arrangement des tons.

M. LEBRUN. *Bacchante*. — Cette forte fille qui se roule dans l'herbe est une consciencieuse étude de chair dans les variations lumineuses du plein air.

M. FOUBERT. *Départ pour la chasse*. — Dans ce tableau d'intention un peu antique constatons de jolies qualités d'exécution. Diane est d'une belle élégance, et son attitude d'un pittoresque bien entendu. Que ces corps de déesses où a passé la noble caresse académique s'achèvent dans deux têtes d'expression moderne, je ne vois là qu'un louable désir chez l'artiste de se laisser émouvoir par les attraits de la vie.

M. AIZELIN. *Marguerite*. — Cette élégante et chaste *Marguerite* qui nous revient dans la transparente blancheur d'un joli marbre, nous la revoyons avec plaisir. L'artiste a dépensé là des qualités de sentiment et de mouvement qui font plaisir à l'œil.

M. CHARTRAN. *Portrait de Mlle Reichemberg*. — Ce peintre est décidément passé maître dans l'art délicat et difficultueux de la portraiture intime. Au Salon national de l'automne dernier, il avait envoyé une série de petits panneaux qui étaient bien les plus habiles et les plus agréables portraits qu'on puisse voir. Aujourd'hui, c'est le visage blond et rose de Mlle Reichemberg que M. Chartran ajoute à sa collection. Dans ce dernier venu, comme dans les autres, tout y est, dessin serré, modelés délicats et tendres, fines transparences d'une chair pleine d'éclat et, qui plus est, un charme infini qui fera souhaiter à toutes les jolies femmes de Paris l'heureuse fortune d'être portraiturées par cet artiste parisien qui est M. Chartran.

E. BERTIER. — *Retour de l'école.*

M. H. LEMAIRE. *Bambini.* — Joli titre plein d'une saveur d'Italie, ce pays où les huîtres s'appellent *frutti di mare* et où les « petits mômes » du pavé de nos rues sont les « bambini » des dalles de là-bas. *Bambini* est un groupe de deux bébés, gras comme un paquet de roses, qui s'embrassent et se disent bonjour candidement, du bout des lèvres, comme jouent deux petits chats qui se caressent du bout des pattes. Le sujet est traité avec un aimable sentiment de la poésie de l'enfance.

M. J. BÉRAUD. *La Salle Graffard.* — C'est un coin très curieux de notre Paris vivant, que M. Béraud nous montre là. Et il l'a fait avec une provision d'ironie et de bonne humeur toutes parisiennes. Un artiste moins bien doué du côté du scepticisme gouailleur, et moins avisé des saveurs de la quintessence boulevardière, aurait pu traiter ce sujet plus gravement. Les réunions de la salle Graffard sont célèbres dans les annales de la politique moderne. Et la philosophie aurait pu y être introduite pour souligner d'un trait plus sombre le caractère convaincu de ces gens farouches pour qui une idée sociale ne peut être autre chose qu'une barricade, et qui professent avec un sérieux désopilant la « sainte » religion de la haine.

M. Béraud est un artiste d'idéal moins grave. Il a voulu voir la salle Graffard comme on la voit de la terrasse de Tortoni, entre un sorbet et un bon mot. Il a peut-être bien fait, puisque sa toile y gagne considérablement en gaieté et en modernité. Sa *Salle Graffard* est moins à la vérité une satire amère qu'une jolie narration parisienne, quelque chose qui occupe le milieu entre la caricature et la chronique actuelle où le bon mot suffit, le bon mot qui dit tout grâce au trait caractéristique qu'il monte et polit en ciselure.

M. Béraud a vu le fameux forum du Belleville politique en Parisien que la folie solennelle réjouit. Cette folie solennelle, il l'a marquée au bon coin de son scepticisme par les braillements de son orateur, et par le contraste si amusant de ses journalistes au chapeau retroussé et des assesseurs de son bureau, politiciens graves qui portent les bouleversements du monde sous le pain de sucre de leur crâne chauve.

Voilà pour la scène reproduite. Quant à la peinture, elle est aussi très intéressante. M. Béraud, qui se servait quelquefois d'une brosse un peu sèche, s'est ici considérablement assoupli ; son originalité s'écrit aujourd'hui plus largement que jadis. Et son merveilleux esprit de détail s'éclaire et s'appuie de tout l'éclat et de toutes les finesses d'une atmosphère bien comprise et joyeusement lumineuse. La gaieté est ici partout, sur la palette et dans l'esprit du peintre.

M. DEBRAS. *Joueurs d'échecs.* — Ici, plus rien de bien moderne. C'est le tableau Louis XV, où deux héros de M. Gérôme ou de M. Fichel poussent consciencieusement et en habit à la française le bois stratégique si célèbre au café de la Régence.

M. DAWANT. *Saint Vincent.* — Saint Augustin nous apprend que peu de morts ont été accompagnées d'aussi horribles supplices que celle de ce martyr, évêque de Saragosse. M. Dawant, en artiste qui sait son sujet et son art, a solidement modelé ce corps meurtri, délaissé par les hommes, livré aux corbeaux qui continueraient la lâche besogne des bourreaux, si les anges de la légende dorée ne venaient lui offrir pour le ciel le sauf-conduit de leurs ailes azurées.

M. LÉONARD. *Après l'Annonciation.* — Le sculpteur a promené un outil délicat et discret à travers les doux mystères de la divinité venant s'adjoindre aux humaines joies de la maternité. Après l'Annonciation! Ce titre ne dit-il pas toute la magie du sujet? Le Dieu est venu sous la forme d'une colombe. Les yeux au ciel, le buste caché dans les aubes de son manteau de marbre blanc, la Vierge nous fait assister au délicieux rayonnement de vie intérieure, fruit du miracle accompli.

A. LÉONARD. *Après l'Annonciation*

M. AIMÉ MILLET. *George Sand.* — Assise sur son rocher de marbre bleu, vêtue de sa gandourah aux longs plis orientaux, sa blouse de travail, la bonne dame de Nohant est là écoutant la voix champêtre qui lui dicte ses histoires rustiques, *François le Champi, Jean de la Roche, la Petite Fadette.* Le sculpteur, pour éviter ces batailles de critiques où il reste toujours des lambeaux de renommée, a choisi l'époque moyenne de la vie de George Sand, l'époque

F. GUELDRY. — *Sur la berge, à Nogent-sur-Marne.*

où la maturité de l'âge doubla la maturité du talent. Les livres écrits alors sont contemporains des paysages de Rousseau, de Troyon, de Corot et des débuts de François Millet. Le sculpteur, qui est un vieil ami de George Sand, était avant tout autre désigné pour écrire une biographie ressemblante et précise. C'est lui que la ville de Nohant a choisi. Nous y applaudissons à toutes mains. Car le bon Aimé Millet s'est acquitté de sa belle tâche en loyal ami qui sait la vérité du trait caractéristique, et en vaillant artiste que les rébellions du marbre n'épouvantent ni ne déconcertent. Sa *George Sand* servira de document définitif. C'est elle qu'il faudra consulter plus tard, pour connaître l'authenticité physionomique de celle qui fut *Lelia*.

E. BERTIER. *Retour de l'école.* — Joli spécimen de peinture élégante. La tête claire s'enlève en gaieté sur un fond brillant. Est-ce un portrait ? Si oui, l'arrangement en serait heureux. Ces jambes librement écartées, cette pose abandonnée et légèrement gamine est bien celle d'un écolier de douze à treize ans, l'âge où l'on joue à l'homme. Ce bras gauche, qui semble plutôt soutenu par la serviette d'où s'évadent les papiers de classe, tant il est mollement pendu à son épaule, trahit agréablement l'insouciante jeunesse du modèle et la délicate observation de l'artiste.

M. GUELDRY. *Sur la Berge.* — Ce jeune artiste aime la banlieue de Paris, la banlieue où les ébats du dimanche se prennent entre le ciel et l'eau, gaiement, sur les berges où la grenadine se boit par lampées et où le soleil se prend par gorgées pour huit jours. Paris a poussé sur un sol de gypse. C'est dans ce plâtre que s'est modelé son teint de joyeux viveur. Ce teint blanc, un peu crayeux, M. Gueldry le connaît et veut en tirer des effets réjouissants. Pour y réussir, il accroche partout des rayons de soleil. Évidemment, il y a lutte ici entre l'accent général et l'intensité lumineuse. Cette lutte n'effraie pas M. Gueldry qui est, somme toute, un des favoris du tableau de soleil parisien. Et puis, quelque ironie qu'on sente pour l'état de canotier, le canotage sera toujours absous quand il nous sera montré, comme c'est ici le cas, par son côté féminin de jolies « barreuses » au rire docile et pétillant.

BRUNCLAIR. *Un Rêve.* — Un tantinet sujet de pendule, ce rêve où l'on voit le becquètement de deux colombes pendant qu'une jeune fille s'allonge sur un divan jaune. Néanmoins, étude bien poussée, où se remarquent de belles qualités de coloration. L'effet de la tête renversée ne manque pas de hardiesse et est très réussi.

M. BEER. *Albert Dürer.* — Le sculpteur a été ici très préoccupé de rester dans le caractère, et il s'y est trouvé secondé par un agréable mouvement du marbre. Albert Dürer enfant ouvrait le champ vaste à la fantaisie. Et M. Beer s'y est employé fort habilement.

M. ROSSET - GRANGER.

Orphée. — M. Ph. Burty écrivait l'an passé de cet artiste qu'il « avait donné une note de début extrêmement délicate dans sa *Charmeuse* ». M. Rosset-Granger n'a pas voulu demeurer en reste avec la sagacité d'un des maîtres de la critique moderne. Il a su laisser à l'éloge toute sa saveur de présage. Son *Orphée* de cette année, qui jette dans le ravissement les nymphes et les pasteurs, a adopté résolument la marche en avant. Il conduit sa palette gaiement dans la route claire du succès de bon aloi.

A. CHIGOT. — *Deuil au retour.*

Tout un courant rose et violet traverse cette traduction pittoresque du blond poème antique. Ces nymphes que M. Rosset-Granger a semées dans son tableau autour de la lyre d'Orphée, pour en boire les échos, sont écrites dans des formes très heureuses. M. Rosset-Granger a le doigté élégant et la pensée délicate. Avec un pareil bagage on va vite et loin dans le chemin des sympathies.

M. BENJAMIN CONSTANT. *Les Cherifas.* — « Et je me fais l'effet d'être logé dans la vitrine des pierres précieuses au Musée de minéralogie », écrit d'Orient Coriolis dans *Manette Salomon*, ce livre qui a lui-même tout l'éblouissement d'une vitrine de joaillerie.

Le tableau de M. Benjamin Constant appelait deux fois cette citation, et par son grand éclat d'exécution, et par la nature du sujet. Le harem est le document contraire de la légende du roi Caudaule, tellement contraire même, que les voyageurs privilégiés qui ont pu voir de véritables harems, n'y ont pénétré qu'aux heures où il n'y avait personne. Aussi bien les Européens ne sont-ils pas plus autorisés à dire qu'ils ont vu des harems pour de bon, que les pauvres qui regardent des diamants au travers d'une devanture de bijoutier n'ont le droit de dire qu'ils ont tenu dans leurs mains des joyaux d'un prix inestimable.

Est-ce une raison pour que l'art s'interdise la représentation de ces gynécées où le monde musulman entasse ce qui lui semble le plus précieux ou le plus rare? L'art vit de créations et de reconstitutions. Et pour qui a vu la cage où le seigneur musulman, sultan, pacha turcs, bey égyptien ou chérif marocain, enferme ses petites bêtes d'hyménée, les éléments abondent pour reconstituer le harem. D'autant que les odalisques des pachas ou des chérifs ne sont point d'une race à part; et que, comme l'a fort judicieusement écrit M. Henry Houssaye, « les danseuses d'Alger et de Maroc, et autres personnes bien authentiquement indigènes, transigent, par profession, sur le chapitre du *feredjé*, du *yachmack* et d'autres voiles encore ».

Et puis l'Orient, pour nous Parisiens modernistes, très occupés de ce qui vit autour de nous, par nous et pour nous, ne saurait être soumis aux mêmes exigences. Ce besoin d'exactitude qui nous rend si sévères quand il s'agit de nos mœurs à nous, n'a plus sa raison d'être quand le litige porte sur des mœurs aussi lointaines, et aussi fermées surtout que celle de l'Orient claquemuré du harem. Ce qui se passe dans ce domaine calfeutré d'une vie exceptionnelle ne touche pas directement notre sollicitude parisienne. Si notre curiosité est par là mise en éveil, c'est tout ce qu'on peut exiger de notre esprit alerte, et vif il est vrai, mais qui a trop vu de choses contradictoires pour n'être pas circonspect. C'est ainsi que, nous sentant invités à une indulgence complète sur le chef de l'exactitude, nous laissons le champ libre à la fantaisie et à l'imagination de l'orientaliste, pensant qu'après tout le meilleur tableau d'Orient est peut-être celui qu'on façonne au retour, chez soi, sur des notes, des souvenirs et des documents bien choisis.

Pour nous encore, le moindre défaut de l'Orient est d'être un sujet un peu fatigué, vieillot même comparé aux découvertes que nous faisons tous les jours à notre porte, sans sortir de chez nous. Désormais, le Parisien, très entiché de sa vie et de ce qui s'y rapporte, a circonscrit l'appétit de ses impressions. L'esprit de villégiature s'est volatilisé en lui au feu renouvelé des nouveautés locales et des faits-Paris. Se met-il en route pour une excursion, arrivé à Bougival, ou comme Auber à Saint-Cloud, il trouve qu'il est déjà bien loin, tourne bride, et regagne son quartier, raillant doucement le reste du monde, qui n'excite plus sa soif de motifs inconnus. Pourtant il est tolérant, puisqu'il est sceptique. Et il admet très volontiers qu'il se rencontre encore sur les grandes routes de l'univers des gens pour courir vers l'Orient comme les enfants vont à la lanterne

E. BRUNCLAIR. — *Un Rêve.*

magique, avec des réserves d'enthousiasme, des petits cris de surprise et des applaudissements tout prêts pour l'inédit qu'ils pourront avoir l'heur de découvrir.

De l'inédit, il en reste partout, dans l'Italie rebattue comme dans l'orientalisme ressassé. Nous savons tous à Paris que ce n'est ni Decamps, ni Delacroix qui ont fané nos ardeurs orientales, mais bien des rabâcheurs de lieux communs comme Horace Vernet, inscrivant, sans l'ombre d'art en soi, l'épisode de Rébecca dans un paysage inférieur à celui des fortifications de M. Thiers.

J'ai hâte de dire que ce n'est pas non plus M. Benjamin Constant qui nous donnera la satiété du tableau oriental. Il sait trop bien et trop judicieusement son sujet pour jamais nous en lasser. L'Orient qu'il nous présente n'a point les prétentions pédagogiques d'un tableau d'histoire ou de philosophie sociale. Il est pour le pur agrément de nos sens et ne veut point nous instruire. Il nous raconte brillamment et en beau langage des choses que nous savons de longue date. Son ragoût est celui de ces plats exotiques bien troussés qui égaient de leur piment lointain un menu de cuisine française, mettant ainsi dans le dîner des récits de voyages où l'on savoure sans fatigue le souvenir d'un pays où l'on ne s'est pas trop ennuyé.

Il est bon de le dire, l'Orient me paraît être pour M. Benjamin Constant un sujet d'agrément. L'artiste en cause avec le ton libre et dégagé d'un homme de bonne compagnie qui a beaucoup vu et beaucoup retenu. Il s'en explique avec une familiarité très à l'aise dans ses pensées, en Parisien qui connaît son public, sait ce qu'il faut dire et sait surtout sur quoi il est prudent de ne pas insister. Or, il était peut-être sage de ne pas insister sur le tableau d'Orient écrit dans la recherche du plein air de là-bas. M. Benjamin Constant s'y est essayé jadis. A coup sûr, il y a moins réussi qu'en se retranchant comme il le fait aujourd'hui dans l'apaisement du clair-obscur. Lorsque nous voyons notre modeste soleil à nous, notre soleil tamisé d'opale, rester malgré tous nos efforts cent fois plus éclatant encore que tout ce que nos boîtes de couleur peuvent contenir des tubes éclatants, nous ne sommes pas sans inquiétude sur l'issue de la lutte que nous voulons ouvrir avec le puissant soleil du voisinage de l'équateur.

Pour Paris artiste, ce qui importe le plus, c'est le résultat, non l'effort. Le temps nous manque pour tenir compte au chercheur de ses tentatives. Jusqu'à nouvel ordre, en ce qui concerne le tableau de plein soleil oriental, nous jugeons que le tableau qui est tout fait dehors par le site lui-même demeure très supérieur à celui que ne réussit pas l'artiste. Nous nous disons que ces essais de plein air oriental ne sont, au résumé, que des essais, et que l'essai c'est la difficulté attaquée, mais non la difficulté vaincue. Alors nous faisons cette remarque, que M. Guillaumet lui-même, qui est indiscutable dans son *Habitation saharienne de Biskra*, est discuté avec ses *Chiens arabes dévorant un cheval mort*, comme M. Benjamin Constant est beaucoup plus près de l'éloge complet avec ses *Cherifas* qu'avec ses *Prisonniers marocains*.

A. Dawant — Saint Vaast

C'est pourquoi je ne crois pas que ce soit sans une raison bien déterminée que cet artiste, pour écrire une de ses toiles les plus importantes, se soit mis à l'abri des puissantes morsures du plein soleil de désert, dans la demi-lumière d'un sérail bien capitonné. Là-bas en vérité où le soleil se tire à lui-même des feux d'artifice tous les jours et pendant toute la journée, et chaque soir allume pour se coucher des feux de Bengale à nous brûler la rétine, il fait trop clair, le ciel chante trop haut son grand air de turquoise en fusion, le jour crie trop fort ses heures éblouissantes, et la vie dehors s'écoule dans un fracas de lumière trop assourdissant pour que nos pauvres yeux d'Européens ne sentent pas le besoin, afin de conserver leur lucidité, d'un peu de l'apaisement du recul, ou d'un peu de l'ombre que les tentures glissées sur les fenêtres portent dans l'intérieur des maisons.

Est-ce que les meilleurs récits de batailles ne sont pas ceux qui se font en temps de paix, dans la sécurité du foyer? Eh bien! pour ce qui est du tableau d'orientalisme les conditions esthétiques sont peut-être semblables. Il est du moins permis de le penser, lorsqu'on voit les orientalistes les plus vigoureux, les palettes les plus audacieuses, comme celle de Delacroix par exemple, avoir comme peur, au moment du travail, de la bataille que tous les feux du ciel d'Orient se livrent au dehors. Le perpétuel flamboiement de ce kaléidoscope les rend timides. Quelques notes prises sur le lieu de l'action, vite ils rentrent à l'ombre de la maison pour le récit complet. C'est ainsi que leurs meilleurs tableaux sur des sujets d'Afrique sont le plus souvent des sujets d'intérieur, témoin la *Noce juive au Maroc*, vendue 1,500 francs au duc d'Orléans en 1841.

De même aujourd'hui, M. Benjamin Constant, avec son intérieur de Cherifa marocain, a écrit une de ses plus belles toiles. Jamais son prodigieux talent d'exécution n'a été mieux mis en valeur. Ce coin de harem est une véritable fête pour les yeux, une symphonie optique d'un développement saisissant où le thème oriental n'est probablement qu'un prétexte à l'épanouissement d'une très magnifique virtuosité. Un puissant effet d'art anime cette grande toile, pleine d'une lourde torpeur locale, où l'on sent moins d'air respirable qu'une atmosphère de parfums suffocants.

De ces quatre femmes que l'artiste a choisies avec une très curieuse conscience du type ethnique, l'une, la fillette, assise droite, la peau luisante sous la patine du bronze de sa race, avec ses membres grêles et les hanches étroites de ses quinze ans, a été rendue par l'artiste avec le prodigieux éclat du satinage de la peau nègre du grain le plus fin. Le torse raide et long comme celui d'une silhouette égyptienne, les bras levés, l'attitude lasse, comme pour chasser les derniers nuages de son rêve de kif, elle a de curieux airs de bête en cage qui

A. Beer. — *Albert Durer enfant.*

s'éveille et s'étire sous le rayon de lumière qui vient sonner la diane du désert à ses lentes paupières de métal noir.

Ces taches de soleil qui coulent comme des couleuvres d'or sur des parois de brocart, ce divan d'un rouge pâle qui s'écrase par endroits sous le monceau de coussins, ces peaux d'animaux qui rampent çà et là, ces housses de soie, ces broderies, ces gemmes aux mille couleurs, rubis cabochons, turquoises, améthystes qui font scintiller dans tous les sens leur âme claire de pierres précieuses, ces chairs de femmes mates et luisantes comme des agates polies, sont autant de morceaux de peinture traités avec un brio, un entrain, une verve, un éclat de

LE SALON DE PARIS ILLUSTRÉ.

P. QUINSAC. — *Esmeralda.*

touche, une fleur de lumière dans les ombres, une virtuosité de palette à rendre muet par moments le clavier d'un Rubinstein.

M. H. BACON. *Qui m'aime me suive.* — Voici une amusante parodie d'une phrase célèbre. Rien de plus rustique et rien de plus gai non plus que cet amour qui a pour siège l'estomac de deux jolis petits gorets bien roses. La toile de M. Bacon n'a d'autre prétention que de prouver une fois de plus que tout se peut dire et peindre, à la condition d'être bien dit et bien peint.

M. FOURNIER. *Chansonnier.* — Que chante-t-il ce chansonnier, pauvre écolier, contemporain de Villon, sectaire de Rutebeuf, comme eux apparemment joueur, débauché, « tout aux tavernes et aux filles », toujours mourant de faim, mais trouveur plein de verve? Oh! rien de bien grave! Les barons sont las des récits héroïques. Ils n'aiment maintenant rien tant que des « choses légères à entendre », *cansonnettes, sirventes, tensons* dialogués, *jeux-partis, complaintes* élégiaques, *aubades* et *sérénades*, chants de bonjour et de bonsoir, ballades *léonines, sonnantes, balladantes, lignes doublettes,* rimes *batelées, enchaînées*, à double queue, *riqueracs* et *baguenaudes*.

Et il est très goûté et fort applaudi des dames et des seigneurs. Car, depuis que le XIII° siècle a mis de fines touches d'art dans les mœurs, on aime au château ces symphonies de rimes sonores qui vantent les oiselets, les gentes dames, les fleurs et le doux printemps.

On les aime surtout quand elles sont dites, comme c'est ici le cas, par un Colin Muset de tournure vive, alerte, tout plein des fins rythmes de son temps, et modelé dans une vive couleur, comme il fallait l'attendre d'un élève de M. Falguière.

M. GUILLOT. *A la Fête de Saint-Cloud.* — Avec M. Benjamin Constant le sujet nous avait emmenés en Orient sans réussir complètement à nous faire quitter Paris. Nous voici, avec M. Guillot, rapatriés par un sujet parisien. La *Fête de Saint-Cloud* est d'un bon esprit local, vraiment gaie. Ces balançoires, ces baraques de saltimbanques, cette foule qui grouille sur l'herbe d'automne, forment un amusant coin du Paris modeste qui s'amuse modestement.

M. AIMÉ MOROT. *El bravo Toro.* — Le hasard voulut qu'au moment où ce tableau arrivait se faire applaudir au Salon, l'Administration venait d'interdire le pas de notre frontière à la course de taureaux, la vraie, celle où l'on tue le taureau brave, et où l'on coupe les jarrets avec une faucille au taureau lâche, qu'on injurie en plus. Cet interdit, lancé du fond des cabinets verts dont l'art décoratif de 1850 a tapissé nos ministères, établit cette situation que d'aucuns trouvèrent extrêmement gaie : le Parisien, qui serait au besoin cannibale s'il s'agissait d'arriver le premier à un grade ou à une décoration, et dont le scepticisme disparaît tout d'un coup pour faire place à une férocité très sincère, quand il s'agit de faire triompher son amour-propre, venait de laisser gain de cause au sentimentalisme et de donner publiquement tort à l'esprit pittoresque contre la Société protectrice des animaux.

Quoi qu'il en soit, ces choses d'Espagne, comme on disait en 1840, ne seront jamais faites pour déplaire aux gens d'appétit robuste, qui ont la curiosité des choses fortes. M. A. Morot, qui est un peintre nerveux et plein de vigueur, a peint son sujet avec le meilleur de ses solides qualités. La silhouette de cette pyramide d'animaux et d'hommes, concentrée dans un coin de l'arène, ajoute au terrible de cette scène. Nous sommes là dans le coin où le drame se passe. Le reste de l'arène n'existe pas en ce moment. Aussi le peintre l'a-t-il négligé. D'ailleurs, ce qu'il voulait, c'était, non pas nous remettre devant les yeux les grands effets de couleur du cirque entier, effets que nous avons vus maintes et maintes fois déjà, mais nous marquer le véritable intérêt de ces spectacles particuliers qui font bondir de joie les cœurs espagnols. D'une part, le taureau éventrant le cheval du picador, pour bien dire au public qu'il entend se défendre. De l'autre, l'immense satisfaction des spectateurs que ce courage du novillo réjouit. Dans ce cadre étroit, M. Morot a écrit des touches à la fois heureuses et énergiques. Il est resté l'étonnant maître du morceau que nous connaissons de longue date.

M. DELAPLANCHE. *L'Aurore.* — Cette belle ensommeillée qui repousse de ses bras nus les draperies de la nuit, et s'éveille au jour lentement, gardant

J. FRAPPA. - - *Marie-Magdeleine.*

sous ses paupières et sur ses lèvres les dernières traces de son rêve, a pris dans son incarnation de marbre une saveur, un style et une légèreté que le plâtre n'avait pas dégagés de l'outil du statuaire.

M. GIACOMOTTI. *L'Innocence.* — « Donnez-leur (aux femmes), dit lord Byron, des bonbons et un miroir, et elles seront contentes. » L'*Innocence* de M. Giacomotti est plus exigeante, encore qu'Innocence elle soit. Il lui faut des petits Amours qui voltigent plein les arbres, un autre Amour plus grand qui lui fait la causette, familièrement accoudé sur son genou de jeune fille. Il lui faut enfin une jolie petite flèche bien perfide dont elle prend plaisir à essayer le fer sur son doigt d'Innocence.

Assise de profil, les jambes à demi enroulées dans une draperie violette, elle est trop charmante avec ses formes jeunes, chastes et gracieuses, cette jeune personne, pour que nous lui tenions rigueur de tout ce qui est nécessaire à l'emploi de loisirs. Peut-être même eût-elle exigé un peu plus de style dans tout ce vol de bambins qu'on dirait mis au-dessus de sa tête par le Bernin, que nous lui saurions gré de sa rigueur. Néanmoins l'ensemble de la composition est agréable, et la demi-teinte qui l'enveloppe ajoute une discrétion délicate à ce sujet qui demandait autant de délicatesse que de discrétion.

M. BOUTIGNY. *Boule de suif.* — La toile est très agréable et très bien composée dans l'esprit de la nouvelle de Guy de Maupassant, qui l'a inspirée.

M. WAGREZ. *Sainte Claire d'Assise.* — A genoux, les bras jetés autour de la croix, la sainte voit sa prière transformée en une apparition de trois anges bleus d'un joli effet pittoresque. Sainte Claire est de l'Ombrie, la vallée séraphique où germa la douce piété de François d'Assise. La scène se déroule dans un paysage délicat, joliment italien, où les élégantes figures de M. Wagrez mettent un bel air de candeur pieuse. La toile tout entière est remplie de qualités d'invention et de caractère, de louable correction. En même temps elle attache par le charme du sentiment qui l'anime.

M. TH. FRÈRE. *Le Nil à Nagadi.* — Cet artiste est un fervent de l'Égypte et du soleil qui y saupoudre les palmiers de sa pulvérulence dorée. L'Égypte est la patrie d'une poésie spéciale, où les arbres ont une âme et une voix pour le dire (1). Aujourd'hui M. Frère a choisi le matin. Une caravane se déroule dans le bleu de cette aurore fine et nacrée, où l'artiste a su faire paraître l'interprétation d'une palette délicate et savante.

M. FALGUIÈRE. *Offrande à Diane.* — Sur la peinture des sculpteurs Falguière et Mercié l'influence de M. Henner est évidente. Pour ce qui est de M. Mercié, il n'y a rien à déplorer, puisque M. Mercié a des moments de pein-

(1) « L'arbre (Mimosa) gémit et pleure, et d'une voix tout à fait humaine. » (Michelet.)

E. BOUTIGNY. — *Huile de œuf.*

ture excellente, témoin sa *Léda au cygne noir* de cette année. Quant aux toiles peintes de M. Falguière, c'est très différent. Son *Offrande à Diane*, comme son *Hylas*, comme son *Sphinx* de l'an dernier, c'est du Henner moins Henner. La soustraction opérée, reste presque zéro. Des taches claires sur un fond obscur, point de contours, point de modelés, une manière de chaos qu'accentue un peu trop le laisser aller de la forme. La seule caractéristique de la peinture de

Brissot de Warville. — *Moutons au repos*.

M. Falguière, c'est qu'elle reste œuvre de sculpteur. Elle fait bloc. Mais le dessin n'a rien dégrossi; c'est un bloc de marbre avant l'épannellement:

M. A. LELEUX. *L'Abreuvoir.* — Des bœufs attelés à un grand chariot breton boivent sous les grands arbres massifs qu'on rencontre dans le vieux pays de Bretagne dont M. Leleux a bien senti toute la poésie, — lente et un peu aphone, comme tout ce qui tient du mystère.

M. RODIN. *Victor Hugo.* — Buste étrange et puissamment artistique. Ce portrait de Victor Hugo est, comme le buste de M. Dalou, ou le buste de Jean-Paul

Laurens exposé il y a deux ans, une œuvre très mordante, très troublante aussi pour qui n'apercevrait l'art du portrait qu'à travers la noblesse décorative du buste officiel.

C'est surtout devant les bustes de M. Rodin qu'on devine tout ce qu'un artiste de tempérament implacable comme lui peut mettre d'art vrai dans un portrait. M. Rodin procède dans cette branche de l'art statuaire avec de singuliers airs de révolutionnaire. Très émotionné par le rendu successif de tous les muscles, de leurs attaches, de leurs saillies ou de leurs dépressions, il renonce à l'agréable ordonnance des orthodoxes pour ne plus voir que le morceau exclusif, qu'il traite avec un désarrangement apparent, un ton roturier, dont l'allure paradoxale en dit beaucoup plus en tant que paradoxe sur la vérité du portrait que les redressements polis, les corrections, les atténuations et les salamalecs du portrait officiel.

Nous savons tous que le beau ton du monde, c'est l'afféterie qui est mensonge, et qu'au nom de la bonne éducation souvent la vérité est mal élevée.

Je fais un grand mérite à M. Rodin de son art de dire la vérité dans un portrait, la vérité de ce qu'il voit, et aussi la vérité de ce qu'il pense. Sa statuaire lui est très personnelle. Elle se développe dans le parti pris d'un tempérament très écrit. La composition générale de ses bustes se tient dans une donnée dont la volonté est très marquée et où l'absolu d'une personnalité se grave très intense. Immobilité rude, nudité âpre, œil fixe ou infiniment troué comme l'œil d'Hugo qui s'enfonce sans se perdre dans les immenses profondeurs d'une arrière-tête toute remplie de pensées, bouche ouverte comme dans le buste de M. Laurens, tout cela marque autant de traits privés de l'art de M. Rodin, où la nature s'exagère si fortement de tout le relief d'une vision d'artiste.

S'il y a des réserves à faire sur cette liberté d'interprétation, elles sont sur l'agrément et sur la ressemblance. Sur l'agrément, la chose est bien simple. L'outil de M. Rodin, qui opère en dehors des embellissements flatteurs et du convenu, voit trop le caractère et point assez la caresse qui plaît aux femmes. Quant à la ressemblance, il importe de ne point faire confusion sur le mot ni sur la chose.

Selon qu'on veut faire une œuvre d'art ou un portrait banal, on trouve à la ressemblance deux termes distincts. Il y a la ressemblance qui préoccupe beaucoup les médiocres, très soucieux de faire pareil à ce que tout le monde voit. Sur cette ressemblance les vrais artistes se trompent quelquefois, parce qu'ils se voient trop eux-mêmes dans leurs œuvres. Le caractère du modèle venant s'augmenter du caractère de l'artiste, il arrive parfois que le modèle disparaît dans l'artiste. Il n'y a plus alors autre chose qu'une ressemblance d'interprétation qui répugne fort aux esprits vulgaires, lesquels ne demandent point au talent de se faire voir concurremment avec le portrait de leurs traits, de leur cravate ou de leur coiffure.

L'action de peindre ou de sculpter, il ne faut pas l'oublier, est une façon de juger les hommes ou les choses. Le portrait surtout est un jugement, une manière

P. GUILLOT. — *A la Fête de Saint-Cloud.*

de dire ce qu'on pense, des gens ou des choses. Cela importe peu à ceux que la vie particulière de l'art ne touche point; souvent, même cela les blesse, car dire ce qu'on pense n'est pas toujours dire ce que tout le monde pense, ce qui arrive toujours quand il s'agit d'un artiste comme M. Rodin, très résolu et très accentué. Aussi bien entend-on souvent dire des portraits faits par de vrais artistes, qu'ils ne sont pas ressemblants.

Ressemblants, certes, ils ne le sont point à la façon ordinaire. Un sculpteur comme M. Rodin n'est point un objectif photographique. Il n'est point un être inerte. Il y a en lui une pensée, une vue spéciale qui crient partout son caractère à lui. C'est par cette vue spéciale qu'il aperçoit la vie du modèle. Et quand il s'occupe d'un portrait, c'est sa pensée à lui qu'il y applique. La juxtaposition de cette pensée personnelle ne manque jamais de dérouter les simples, qui ne savent point que, pour être une œuvre d'art, un buste doit résumer autant de la vie du modèle que de la vie du statuaire.

Si les gens appelés à voir pour la première fois le buste d'une personne qu'ils connaissent, fréquentent, pratiquent journellement, ou aiment même à titre de parent ou d'ami, marquent le plus souvent un jugement défavorable à la ressemblance, c'est que cette figure qu'on leur montre, immobilisée dans l'attitude du portrait, ils ne l'ont jamais vue ni regardée, non seulement sous cette lumière particulière, mais encore avec les préoccupations de l'artiste appelé à faire ce portrait. Sans doute ils la connaissent, cette figure. Dans une foule, ils en savent assez la silhouette générale pour la distinguer des voisines. Mais pendant que l'artiste a regardé ce visage à la loupe de son observation, l'a mesuré au compas de son talent et l'a élevé au niveau de son interprétation, eux, n'ayant point le passeport d'une œuvre d'art à lui délivrer, s'en sont tenus au vague de la physionomie d'ensemble, négligeant ce qu'ils n'avaient pas à apercevoir, le signe particulier (1).

Pour un artiste comme M. Rodin, c'est le signe particulier qui est tout. Ce signe particulier est souvent un trait caricatural. Par une grâce d'état contre laquelle il n'y a pas à récriminer, ce trait « charge » nous ne l'apercevons pas, et parmi ceux qui nous entourent, ceux qui n'y sont pas intéressés ne le voient pas non plus. Pourtant ce signe particulier, ce trait, est souvent tout nous-même. Il est la dominante de notre caractère. Et lorsqu'il nous arrive d'être mis en présence d'un portraitiste comme Rodin, il ne faut pas être surpris que, négligeant tous les détails connus de notre tête, il décide de tout atténuer pour laisser toute l'importance à ce trait caractéristique. D'où il adviendra naturellement que ce portrait qui sera fait de nous dans ces conditions de synthèse, ne sera peut-être pas ressemblant pour tout le monde, mais sera très ressemblant par l'inédit de notre individu, le signe particulier par lequel nous sommes nous-

---

(1) L'habitude, en pareil cas, est très mauvaise conseillère. Chez l'artiste qui a l'émotion vive, tout dépend de la première impression. Mais pour l'artiste le mieux doué lui-même, la physionomie la plus accentuée, le trait le plus caractéristique, s'usent au contact quotidien. A force de voir les gens on ne les voit plus. Ce qui explique que les parents ou les intimes d'un beau portrait soient si rarement satisfaits.

B. BUKOVAC. — *Une Confidence.*

même et tenons au milieu des autres un coin de réputation, de renommée ou de talent, proportionné à l'accentuation de ce signe particulier.

Le signe particulier d'un portrait de Victor Hugo, c'est le génie. Pour faire de cette grande physionomie du siècle un portrait ressemblant, c'était peut-être l'homme de génie qu'il fallait nous montrer. C'est ce que M. Rodin a fait. C'est aussi ce que personne n'avait fait avant lui. Je néglige les nombreux portraits du maître où des artistes de bonne volonté ont tenté de nous montrer le grand souffle de pensée qui anime Victor Hugo par un coup de vent dans le manteau. Ce sont là des procédés d'art qui datent d'un autre âge. Nous avons aujourd'hui le goût plus sûr et la pensée plus forte, parce qu'elle est plus sobre.

Le dernier et le plus célèbre des portraits de Victor Hugo était celui de M. Bonnat. M. Rodin avait à lutter contre ce succès de peinture. D'avance on pouvait préjuger du vainqueur de ce tournoi. M. Rodin, secondé par son merveilleux tempérament d'interprète, devait inévitablement faire œuvre d'artiste. M. Bonnat, dont les succès sont beaucoup plus considérables que ceux de M. Rodin, est surtout un homme fort, un robuste praticien dont la manœuvre est solide. Ceci ne dit point, mais point du tout, que M. Bonnat soit un grand artiste. Le métier chez lui se charge de tout. Le rôle de l'interprétation s'efface jusqu'à disparaître. Son portrait de Victor Hugo, blanc et rose « comme une praline roulée dans du coton », aurait dit Gautier, était celui de cet homme bon, bienveillant, qui vit modestement dans un pavillon avenue d'Eylau. Il y avait bien l'accessoire explicatif d'un Homère in-folio sur la table. Mais tout vieillard studieux peut lire l'*Iliade* ou l'*Odyssée*. Et pour un étranger, mal instruit sur les physionomies célèbres, ce portrait de Victor Hugo par M. Bonnat pouvait être aussi bien celui de M. Thiers ou de M. Grévy, l'un et l'autre si appropriés au genre de talent propre à M. Bonnat (1).

M. Rodin, lui, mieux doué et profondément artiste, est monté jusqu'au poète. Il a oublié le vieillard dont la bonne figure met un si brave sourire dans les vitrines des marchands de photographies, pour s'approcher le plus près possible du caractère puissant de ce beau visage qui fut le soleil de la résurrection romantique. Devant ce portrait du poète de génie, il a senti tout ce que la statuaire et la peinture du portrait avaient laissé d'inédit. Il a vu que l'une et l'autre avaient oublié le signe particulier, le principal. On avait portraituré l'homme, et point le poète. A l'inédit de la physionomie poétique il ajouta l'inédit de l'âge. Sur ce visage où sont gravées soixante années de lutte pour la langue française, il a inscrit de profonds sillages et des méplats brillants qui disent tout ce qu'a fait pour l'art français ce preux vainqueur de la bataille d'*Hernani* contre la Sainte-Alliance des pédagogues. Par le calme muet et fort du rythme général, il a voulu qu'on n'oublie jamais que ce Titan a conquis l'Olympe.

On s'est plaint que ce buste avait trop visiblement quatre-vingts ans passés. On doit répondre : Ce masque d'airain n'est pas celui d'un vieillard dont l'âge se peut mesurer à la distance parcourue sur le calendrier des ans. Cette barbe blanche, dont les masses se groupent comme les blocs de l'architecture cyclopéenne et supportent l'édifice du visage comme le rocher supportait le donjon, ne cherche point à nous dire si ce portrait est celui d'un homme dont la vie marche avec le siècle à deux années d'intervalle. Ce buste n'a point un âge dont on meurt. Il n'est point le tracé d'une vie humaine ordinaire circonscrite dans les limites d'un acte de décès clôturant l'horizon. Il est l'image d'une gloire durable. Son âge est celui d'une renommée immortelle. Pour nous donner de l'immense poète une effigie ressemblante, il importait de savoir insister sur ce caractère séculaire du modèle. Que

---

(1) Un brasseur vient de commander à M. Bonnat le portrait de M. Pasteur. Cela pourrait dire beaucoup de choses sur le prestige bourgeois de ce peintre.

A. Moriot — *El bravo toro*

demain la mort vienne figer dans la pâleur de son suaire cette prodigieuse activité intellectuelle, un trait demeurera permanent, compagnon impérissable de la figure de Victor Hugo dans les âges, toujours faisant face aux noires avalanches de l'oubli : le génie. M. Rodin a donné à son buste l'allure éternelle du masque antique; il a eu raison de nous montrer le portrait de Victor Hugo par son signe particulier, et pour toujours vivant, le génie que la mort ne tuera pas.

Je me résume. Jusqu'ici nous avions des portraits de M. Victor Hugo. Depuis le buste de M. Rodin, c'est la première fois que les arts plastiques nous donnent le portrait du poète de la *Légende des Siècles*.

M. DUMILATRE. *Monument à La Fontaine.* — Rêve animé d'un joli sentiment décoratif. Et puis le brave La Fontaine joue dans tout cela un doux rôle d'inspirateur. Le sujet aidant, on est touché de toute l'ingéniosité et de tout le talent dépensés par l'artiste. Toute la petite ménagerie qui fait assaut de moralités sur les marches n'est peut-être pas d'un animalier. Elle est néanmoins d'un artiste curieux du pittoresque. Et ce bavardage zoologique nous remet en mémoire ces charmants propos que tout petits, montés sur une chaise, nous récitions en manière de compliment à nos grand'mères.

M. A. DUMARESQ. *La Lecture de l'Annuaire de cavalerie.* — Ce peintre sait le caractère de l'armée, et il en parle avec goût autant qu'avec affection.

M. CROISY. *Chanzy.* — Le xviiie siècle a eu raison de le dire : « Le but le plus digne de la sculpture est de perpétuer la mémoire des hommes illustres. » Écrire sur ce mâle conducteur de l'armée de la Loire la biographie du bronze, c'était une noble tâche. M. Croisy y fut appelé, c'est un honneur. Il n'y a pas failli, c'est un mérite. L'attitude qu'il a choisie pour son héros est simple et énergique, comme il convenait à cette figure qui représente si fièrement à côté de Gambetta la défense du territoire.

M. EDELFELT. *En mer.* — Tous les ans cet artiste nous rapporte des horizons du Nord, où il est né, des poèmes rêveurs et mélancoliques. *En mer* est une forte page de monographie maritime. Ce lourd bateau, manœuvré par un matelot austère dans cette mer qui vit et remue d'une vie et d'un mouvement qui ne sont pas de nos climats, garde un grand caractère local. Le sourire lent de cette fillette aux cheveux blafards nous dit bien des choses sur la poésie

D. Laugée. — *Pèlerins.*

propre à ce pays de Finlande, où l'on retrouve çà et là encore des fils de ces vieux Finnois au visage plat, marbré de taches de rousseur, qui faisaient horde derrière Attila.

M. WEERTS. *Saint François d'Assise.* — Qu'on soit ou non animé de sentiments dévots, il faudrait avoir un cœur de bois et un esprit de pierre pour n'être point ému par la beauté de la légende franciscaine. L'énorme sentiment poétique qui plane sur cette vie de moine mendiant, sorte de trouvère de la pensée séraphique, rend cette histoire de sainteté sympathique aux plus endurcis des gens irréligieux. Montée à ce degré de candeur et de naïveté, l'exaltation pieuse devient un spectacle pittoresque. Les artistes ne sauraient y demeurer insensibles.

Saint François d'Assise a été l'ennemi des âpres jouissances de la vie sociale. Retiré au pied de la montagne d'Assise, dans son « camp de Dieu », au milieu de cinq mille moines mendiants vivant sous des huttes de paille ou de bran-

T. FRÈRE. — *Le Nil à Nagadi (Haute-Égypte)*.

chages, apôtre fervent des joies incessibles et sans limites de la vie en liberté, il n'a rien compris aux satisfactions circonscrites de la nature morcelée entre propriétaires. Ami des hommes, frère des animaux (1) et des choses, il vit en communion avec la nature entière. Pour lui toute chose créée avait un sens et une beauté, comme l'a dit M. Renan. Initiateur par ses prédications en plein vent du plein air que Giotto devra introduire dans ses fresques pour faire le bleu récit de ces prédications mêmes, ce bon saint homme, grâce encore à l'inten-

---

(1) « Le grand signe auquel on reconnaît les âmes préservées de pédantisme vulgaire, l'amour et l'intelligence de l'animal, fut en lui plus qu'en aucun homme. » (E. Renan, *Nouvelles Études d'histoire religieuse*, François d'Assise.)

sité de sa physionomie propre, grâce à l'exaltation rayonnante et sublime de son lyrisme naïf, est une figure que l'art peut réclamer pour sienne à autant de titres que la foi.

M. Weerts est allé à ce pieux moine par le sentiment moral. Il a été frappé par le caractère étonnamment pittoresque de cette piété affranchie de tout intermédiaire officiel, un peu nomade, vagabonde peut-être, mais à coup sûr entourée d'une lumière puissamment éthérée, et parfaite de toute la perfection de la légende.

Il y avait de précieux éléments de tableau dans tout cela. Et je suis heureux de reconnaître jusqu'à quel point l'artiste a su pénétrer toute la dévotion de son sujet. Le brave moine en est à ses dernières heures. Il y a quelques jours, il a subi des cautérisations. « Mon frère le feu, a-t-il dit, le Seigneur t'a créé beau et utile, sois-moi doux à cette heure. » Le disciple Élie de Cortone exploitera bientôt ces cicatrices au nom du miracle. M. Weerts nous montre les stigmates. Il a raison, puisqu'ils sont historiques. Mais le saint les ignore. Son âme est trop limpide pour soupçonner la fraude que son universelle renommée scellera tout à l'heure à son insu du sceau de son immense sincérité.

Il entrait dans le plan d'un tableau écrit dans le pur esprit de saint François d'Assise, de négliger jusqu'à un certain point une combinaison d'effets pittoresques empruntés aux agréments d'un fond de paysage. Les accessoires, qui sont là très apparents, ont surtout pour but de bien nous montrer la dernière heure au cadran de cette vie de piété. Circonscrite dans le cadre un peu serré d'une architecture dont les détails rappellent ceux de la basilique milanaise de Sant'-Ambrogio, la composition laisse tout l'intérêt aux ferveurs expressives du sujet. M. Weerts a tenu à nous dire que François fut surtout une âme, un être vivant par-dessus tout de la vie de la pensée et de l'imagination, prêtant à toutes choses, et profond artiste en cela, la vie et l'amour qu'il avait en lui, au fond de son être de chrétien exceptionnel.

Au moment de rendre l'âme, le bon saint homme qui se disait le frère du soleil, du vent, de l'air, veut voir encore une fois sa chère nature et son ciel bleu d'Ombrie, qu'il aime tant. On le portera à sa chapellette de Portioncule. En descendant une dernière fois la colline d'Assise, il pourra écouter encore gazouiller

A. Rodin. — *Victor Hugo.*

les oiseaux et crociter les hirondelles ses sœurs. Il est là sur le seuil de sa cellule, quittant à jamais son ermitage de l'Alverne. A peine a-t-il fait un pas dehors, que déjà ses yeux sont levés au ciel pour y regarder monter et vivre les saintes et douces pensées qui vont mourir en lui. La bouche entr'ouverte, les mains épanouies de l'épanouissement de la prière, l'entendez-vous louer une dernière fois le Seigneur pour son œuvre de création? « Loué soit mon très-haut, très-puissant et bon Seigneur pour Frère le soleil qui nous donne le jour et la lumière; pour Frère le vent, pour l'air et le nuage, pour le ciel pur et pour tous les temps qui donnent aux créatures la vie et le soutien; pour notre Mère la terre qui nous soutient et nous nourrit; pour Frère le feu, beau, agréable, indomptable et fier; pour Sœur l'eau, qui est très utile, humble, précieuse et chaste. »

Oh! ces accessoires du premier plan, cette civière d'hôpital, d'apparence un peu fruste, paquetage de la dernière campagne ici-bas de ce soldat de la prière, nous sommes seuls à les voir, et à en être troublés peut-être. Lui n'en a nul effroi. Le tableau tout entier dont le grand attrait est de nous traduire le dernier verset du *Chant des Créatures,* « le plus beau morceau de poésie religieuse après les Évangiles », écrit M. Renan, nous dit qu'au saint mendiant la mort n'apparaît point en ennemie. Avec elle aussi, qui est naturelle, il sait faire communion. Pour elle-même il a le cœur pavoisé de pensées amies. « Loué soit le Seigneur mon Dieu, à cause de notre Sœur la mort corporelle, à qui nul homme vivant ne peut échapper. Heureux ceux qui seront trouvés conformes à tes saintes volontés; car la seconde mort ne leur pourra nuire. »

M. ANDRÉ ALLAR. *Jeanne d'Arc.* — Les yeux fixés sur la vision qui l'enveloppe, les bras levés pour recevoir les armes que le ciel lui envoie au secours de la patrie française en péril, cette *Jeanne d'Arc* est le prélude d'un monument qui comptera parmi les meilleurs du temps présent, où les bons monuments sont rares. M. Allar est chargé de l'ex-voto qu'on prépare pour Domremy. Bientôt nous la reverrons, cette *Jeanne d'Arc,* dans les aubes du marbre le plus pur, entourée de sa vision, attentive à la voix de saint Michel l'archange, le grand-maître des batailles, fier patron des armées de la France du moyen âge, criant l'ordre du départ.

Telle que nous la voyons aujourd'hui dans son plâtre limpide, cette Jeanne d'Arc est conçue dans un sentiment excellent. Une douce teinte de réalisme atténué, qui n'a rien pour déplaire dans une effigie de la robuste paysanne, trahit chez l'artiste une grande ferveur pour tout ce qui est naturel et vivant. M. Allar est de ceux pour qui la beauté n'est point un absolu immuable, conforme à une formule prescrite. Artiste doué d'un sentiment exquis, capable d'émotions renouvelées, il voit la beauté partout où la nature l'a mise, à travers l'absolu variable d'une attitude vivante ou d'un sentiment humain. Les beautés extérieures de la ligne, du modelé savant, de la forme statuaire, ne sont peut-être à ses yeux que des prétextes à écrire pour notre regard et notre pensée une idée humaine et vraie, vraie de tous temps en raison de sa conformité aux sentiments éternellement humains. M. Allar, en qui le culte du vrai ne détruit jamais le sentiment exquis de l'aristocratie de l'art, vit aussi dans les sphères sereines où l'idée a droit de cité. Dans tout l'œuvre de ce maître, ce qui domine toujours, c'est l'idée générale, l'émotion humaine et pensante, s'élevant au-dessus de l'épisode particulier. Son *Enfant des Abruzzes,* par exemple, est moins un bambin de la banlieue de Naples qu'un texte pour nous dire tout le charme et le délicieux des formes graciles de l'enfance. De même dans ses *Adieux d'Alceste,* dont le succès fut si grand, était-ce bien de l'épisode même d'Alceste mourant qu'il s'agissait? L'artiste plutôt n'avait-il pas voulu fixer dans son marbre le sanglot suprême, la caresse dernière d'une mère mourante à ses petits? En ceci, il restait dans la tradition d'Euripide : « Mes enfants, mes chers enfants, c'en est fait, vous n'avez plus de mère », mettant ainsi dans la bouche d'Alceste le dernier cri de dou-

FALGUIERE — Offrande à Diane.

leur d'un cœur maternel qui va cesser de battre. Ce n'est plus Alceste qui meurt, — Alceste est ici une épigraphe pour un catalogue, ou pour attirer l'attention si aisément distraite du public, — c'est la mère dans l'esprit éternel de la maternité.

Ainsi *Jeanne d'Arc* doit-elle nous frapper ici par l'ample sérénité de l'idée qu'elle exprime. Il convenait de ne point omettre le trait réaliste écrivant l'origine rustique de cette noble fille des champs. Épisode particulier. Mais l'artiste va s'élever immédiatement au trait permanent de son héroïne, l'idée de vision, qu'aucun être humain n'a incarnée aussi profondément que la petite Jehanne de Domremy. Aussitôt on oublie la bergerette pour ne plus voir que la sublime visionnaire, tant ce sentiment intérieur de la vue surnaturelle s'exhale au dehors et domine l'effet d'ensemble.

Réalisme admirable, en vérité, que le réalisme de cette *Jeanne d'Arc*, où l'idée avive et galvanise l'enveloppe matérielle.

Ainsi compris, c'est l'œuvre d'art en possession de tout son prestige, puisque c'est la nature tempérée dans ce qu'elle a de meilleur, son éternelle identité, son immortelle vérité, par l'éternel droit divin de l'art, le droit de l'interprétation.

M. A. BROUILLET. *L'Exorcisme.* — Ce jeune peintre a fait un rapide chemin en un tout petit nombre d'années. Chemin brillant aussi. De toutes façons, la carrière de cet artiste s'inscrit dans la lumière. L'an passé, il exposait un *Chantier*, motif parisien, où « il y avait, comme l'a dit M. Paul Mantz, une étonnante perception de la lumière et de la transparence des ombres ».

Aujourd'hui, M. Brouillet nous rapporte d'Algérie un *Exorcisme* où ses belles qualités de luministe sincère et résolu sont employées avec un éclat surprenant. Cette demi-douzaine de musiciens accroupis, occupés à faire vacarme autour d'un petit enfant roulé dans son sommeil, qu'épie anxieusement une vieille femme, inscrivent l'exactitude ethnique de leur physionomie sur un fond de faïences bleues dont l'exécution tient du prodige. La minutie des détails est montrée avec un art extrême. La lumière glisse sur la surface polie de ce fond de céramique avec une puissance d'imitation illusionnante.

M. F. DE VUILLEFROY. *Matinée d'été*. — Désormais passé maître dans l'art d'écrire la vie des bœufs aux champs dans la vérité de leurs attitudes et de leurs expressions, ce peintre veut employer son ferme et robuste talent à nous retracer la mine variable des saisons et des heures. Cette *Matinée d'été* est pleine de qualités rares et affinées. La toile est d'un charme pénétrant. On est tout

A. CROIZY. — *Chanzy*.

séduit par ce matin qui s'éveille sur son matelas de buée grise. On envie les heureux animaux qui vont brouter cette herbe tendre, et humer par leurs graves museaux ourlés au bord comme des champignons, cet air libre et frais qui les enveloppe si voluptueusement de sa lente caresse.

M. PRINCETEAU. *Bœuf labourant*. — M. Princeteau sait, lui aussi, très bien l'expression des gros mammifères que l'agriculture sème dans le plein air des prairies. Les bœufs de M. de Vuillefroy sont inoccupés, et laissés à leur rêverie muette parce qu'ils sont à l'engrais. Le *Bœuf labourant* de M. Princeteau vit dans une autre destinée. C'est un employé à la journée. La tête basse, l'œil inerte et fixe, la pose résignée, il hèle à plein front le soc où est attelée sa liberté pour gagner la pitance. Le ciel rougeâtre d'un crépuscule romantique ajoute à l'effet dramatique de ce drame quotidien, qui est le drame du labeur.

M. A. CHIGOT. *Deuil au retour.* — Dans un cimetière une vieille mère a

G. ARMAND-DUMARESQ. — *Lecture de l'Annuaire.*

conduit son fils, retour du service, sur la tombe paternelle. Le fils est un cuirassier dont le manteau est retroussé sur l'épaule gauche, fort à propos pour nous montrer l'étoile des braves. Il y a là un mélange de patriotisme et de sentimentalisme d'ordre moyen qui ne saurait exciter en nous la moindre sévérité! De même qu'il y a un public pour M. Puvis de Chavannes ou, pour M. Lhermitte, ou pour M. Cazin, ou pour les adorables symphonies lumineuses de Nittis, il faut croire qu'il existe aussi quelque part des amateurs pour des sujets comme *Deuil au retour*. Ce n'est pas que le tableau soit blâmable. L'intention en est excellente. Et l'on serait vraiment désolé si un aussi brave homme que ce cuirassier de M. Chigot n'avait pas trouvé dans la légion d'honneur la récompense de ses loyaux services.

M. BUKOVAC. *Confidence.* — Il y a deux ans, ce peintre avait agrafé sa renommée naissante à la renommée bruyante d'un feuilleton à fracas. La *Grande Iza*, dont M. Bukovac avait emprunté le sujet à M. Alexis Bouvier, attira beaucoup les regards, par cette raison qu'elle avait fait beaucoup parler d'elle, cette belle fille aux crins noirs, et aussi parce que ce tableau avait une odeur très marquée de jolie femme à sa toilette. C'était du nu contemporain, autrement dit du déshabillé. Et l'on se poussa le coude en chuchotant devant la *Grande Iza* de M. Bukovac, ce qui est une forme spéciale du succès. A vrai dire, la peinture n'était pas sans mérite. Les chairs, les cheveux, les étoffes et les accessoires étaient traités avec un brio de bon augure.

M. Bukovac sait assez bien son économie des épidermes féminins. Aujourd'hui il passe du nu déshabillé au nu allégorique. *Confidence* peut être regardée d'un tout autre œil que la *Grande Iza*. L'artiste a monté d'un degré vers le style. Et ses deux jeunes femmes qui s'entretiennent, dans un paysage lyrique, d'un doux propos du cœur, apparemment, n'ont rien d'aussi franchement immodeste qu'*Iza*. Je ne fais pas acte de pruderie. M. Bukovac, cette année, a essayé de l'églogue. Il y a deux ans il avait écrit un motif de salle de bain. Il y avait certes un attrait pour un artiste à traiter la chair féminine dans ces deux interprétations différentes. Dans les deux cas, M. Bukovac a réussi, en bon élève de M. Cabanel, qui a très bien appris et fort bien retenu de son maître la formule de la figure féminine et les recettes pour la peindre. Voilà ce qu'il importe de savoir.

M. LUMINAIS. *Un Possédé.* — C'est avec un vif plaisir que je ressaisis l'occasion de dire à nouveau toute l'admiration qui revient à cet artiste. M. Luminais a vraiment un sens profond et très pénétrant des premiers ans de notre histoire. Personne mieux que lui n'en perçoit l'esprit à la fois abrupt et terrifiant. Les scènes qu'il en choisit sont toutes caractéristiques d'une date et d'un fait social où se résume toute la vie d'un monde disparu. A propos de sa *Fuite de Gradlon*, j'ai essayé de montrer la conception largement synthétique de M. Luminais. Jamais son interprétation de nos annales ne s'amoindrit du récit épisodique. Sa pensée toujours pleine paraît ne pouvoir se développer à l'aise que sous l'immense horizon d'un âge tout entier. La date qu'elle veut marquer est chronologique du siècle et non de l'heure. Les types préférés sont ceux d'une race, et non d'une peuplade. Et ses allures sont celles d'une société, non d'un individu.

Ce qui doit augmenter à nos yeux le grand attrait des travaux de M. Luminais, c'est leur but même. Cependant que M. J.-P. Laurens nous retrace des pages d'histoire universelle, empruntées tant à la France qu'à l'Espagne ou à l'Italie, M. Luminais, lui, ne sort pas de France. L'archéologie de J.-P. Laurens est aussi facilement latine que gauloise ou franke. L'archéologie de M. Luminais est toujours

C. Durand. — *Fin d'un Printemps.*

nationale. C'est toujours avec des éléments gallo-celtiques qu'il en reconstitue le souvenir. Qu'il peigne les *Énervés de Jumièges,* le *Dernier Mérovingien* ou le *Possédé,* c'est toujours avec une vision exacte et délimitée du territoire d'où la conquête de Rome et plusieurs siècles d'éducation classique n'ont pas réussi à déraciner le génie de notre Celtique occidentale.

Si épris qu'on puisse être du document vivant, de l'art moderne, il est bon toutefois de ne pas se méprendre sur la véritable signification de l'art de M. Luminais. Le plus grand crime de ce vigoureux artiste est de n'avoir jamais été compté parmi les favoris de la mode. Loin de moi l'idée de lui en faire un blâme. Comme ceux qui la font, la mode est éphémère. Et rarement, les succès de la mode sont plus durables que l'éclat de la rose qui meurt toujours avant le soir du jour qui l'a vue naître. De mémoire de rose, a fort bien dit Fontenelle, on ne vit jamais mourir de jardinier. Et bien des modes ont passé pendant que M. Luminais travaillait toujours en vue d'une gloire de longue haleine. Je tiens à le répéter ici encore, M. Luminais, comme Augustin Thierry et Michelet, arpente en apôtre les vastes plaines où errent les puissants et magnifiques souvenirs de notre France du moyen âge. Plaines délaissées et bien fertiles pourtant dont la mode, guidée par le classicisme des derniers siècles et notre latinisme étroit, a fait une manière de désert.

Ils sont rares encore ceux qui, méprisant les modes, prennent à revers l'invasion désastreuse de la Renaissance et remontent tout droit aux merveilleuses traditions de notre moyen âge. Depuis quelques années, un retour se fait dans certains esprits. Quelques penseurs vaillants, attirés par les instincts primitifs de notre race se sont décidés à entr'ouvrir les portes de ce monde oublié, qu'on avait évacué et fermé comme un temple maudit. Il est vrai de dire que c'est parmi les artistes, les artistes de la pensée comme A. Thierry, Michelet, Viollet-le-Duc, que cette noble idée a pris naissance. M. Luminais doit être mis au nombre de ces solides lutteurs qui refusent de se laisser noyer dans le torrent exotique qui coule sur la France depuis tantôt quatre siècles. Comme eux, il cherche à remettre la France en face d'elle-même. Comme eux, il entend semer son récit de locutions françaises; car il a, comme eux, un sens profond de nos origines celtiques. *Welsh*, dit-on en Germanie. Tant mieux; car c'est par là que nous sommes nous-mêmes, tout à fait Français, et point Latins. Au moment où il s'opère en nous une heureuse révolution qui va nous reconduire à nos traditions originelles, il est tout naturel que des gens intéressés à nous voir décroître essaient de nous persuader que tous nos vices nous viennent des visions celtiques qui hantent nos cervelles, alors que nous devons nos mérites à la conquête romaine.

Nous sommes quelques-uns en France, avec M. Luminais, qui ne sommes pas décidés à prendre le change sur cette époque de notre histoire. Celtes nous sommes, Celtes nous voulons rester. Et c'est pourquoi nous faisons à M. Luminais un grand titre de gloire de son obstination à toujours nous retracer les pages de notre ancienne vie française. L'archéologie de ce peintre a ce mérite

Luminais — Un possédé.

immense qu'elle nous raconte nos mœurs à nous, notre passé à nous, et nos costumes à nous, au temps où nous étions nous-mêmes, où notre esprit ne parlait pas encore le langage des Grecs et des Romains.

Depuis combien de temps n'est-il pas de bon ton de semer notre dialogue de formules exotiques et de citations classiques? L'érudition s'emploie à empêtrer notre discours français de locutions latines à incidentes embroussaillées. Archéologie déplaisante et de plus en plus intempestive. Avant d'être le verbiage officiel de nos pédants, le latin, on l'oublie trop, fut le jargon des troupiers de César, nos conquérants. Et en tant qu'archéologie, mieux vaut cent fois celle de M. Luminais. Au moins celle-ci nous touche de près. Elle a trait aux produits de notre sol. Et il faut fortement aimer M. Luminais pour son entêtement à ne jamais éclairer son verbe que de citations françaises, à ne jamais conter que des histoires de Gaule en pays gaulois, enfin à ne jamais parler que le français dans un pays français.

Resté rebelle aux importations de la conquête, il a mis toute l'ambition de sa vie à raviver le souvenir de la France que la Renaissance tenta d'étrangler. Son érudition à lui s'est fixée sur tout ce qui peut nous rappeler ces souvenirs qui doivent nous tenir au cœur. Il faudra pourtant qu'on reconnaisse tout le courage qu'il lui fallut pour toujours demeurer fidèle à cette fière pensée, en dépit de la mode et du ton. C'est alors qu'on lui assignera la place qui lui appartient parmi l'élite de penseurs qui ont entrepris, au xixe siècle, de reconquérir la Gaule sur les Romains.

Ce *Possédé* est, avec la *Fuite de Gradlon*, le *Dernier Mérovingien*, les *Énervés de Jumièges*, la *Mort de Chram* et tant d'autres toiles de même ampleur historique, une forte page que M. Luminais ajoute à son grand discours sur la société française des premiers ans du moyen âge.

Manichéen ou choréique, ce *Possédé* est un hérétique. Pour ces farouches moines mérovingiens, leudes tonsurés, turbulents et batailleurs, durs au bas peuple, comme disait Grégoire de Tours, l'hérésie était partout où leur autorité n'avait pas prise. La maladie des nerfs, comme la libre pensée, était une protestation. Dans les deux cas, c'était à l'esprit malin qu'on avait affaire. Convertir l'hérétique ou guérir le possédé, c'était tout un, c'était l'exorciser.

Les choses ici se passent sans trop de dureté. Comme dans l'histoire du breton Éon de l'Étoile, longtemps ermite dans la forêt de Brocéliande, où dormait enchanté l'enchanteur Merlin, les moines exorcisent sans fureur et sans crime. Éon s'était imaginé qu'il était une nouvelle incarnation de Dieu consommée pour délivrer les âmes de l'erreur; les clercs l'estimèrent fou, menèrent ses disciples au bûcher, mais se contentèrent de l'enfermer.

L'exorcisme se pratique ici par des moyens de piété. Le pauvre diable que la

A. EDELFELT. — *En mer. Golfe de Finlande.*

main de M. Luminais a brossé si fermement se tortille et se débat sous la grimace de la convulsion. Les quatre moines qui le retiennent et tâchent à maîtriser la détente des muscles du malade, s'y emploient en douceur. L'un d'eux lui présente le crucifix, un autre l'asperge d'eau bénite, thérapeutique bien douce où l'effort de la pensée conserve seul quelque empire.

La toile est une des plus belles qui soient sorties de l'atelier de M. Luminais. La composition bien groupée l'emplit sans confusion. Les parties nues du convulsionneur sont écrites à la fois d'un dessin large et beau, et modelées d'une pâte souple. Le contraste des blancs de la chair et des noirs de la bure monacale jette dans ce groupe de figures une chaleur ardente et sonore qui affirme singulièrement les qualités d'originalité et de force de M. Luminais.

On ne saurait trop insister sur ce point : M. Luminais est de ceux que la mode peut ne pas toujours seconder. Mais il est aussi du nombre de ces vigoureux tempéraments qui savent ne pas compter avec les caprices des temps variables. Il voit au-dessus des jeux du goût et du ton du jour. Ce qui explique que chaque morceau nouveau qu'il ajoute à son œuvre, déjà si considérable,

R. PRINCETEAU. — *Bœuf labourant.*

s'accroît en intérêt et en valeur à mesure qu'on parvient à en saisir la véritable et lointaine portée.

Ce qui se passe actuellement dans le monde des arts crie assez haut, croyons-nous, ce qu'on a appelé l'obstination de M. Luminais à ne jamais abdiquer la vaillante inspiration qui lui vient des temps druidiques. De tous les artistes qui, depuis quelque dix ans, avaient été lancés, on ne sait trop pourquoi, au plus haut sommet de la réputation, beaucoup aujourd'hui retombent et s'écrasent sur le sol. Terrible retour du bon sens. Refoulement mortel pour d'aucuns. Il est bien des chroniques glorieuses écrites au courant de l'affolement de ces dix dernières années qui se transforment déjà en exploits d'huissier placardés en papier rose ou jaune à la porte des hôtels à vendre. J'ignore où s'arrêtera la débâcle et si le cataclysme fera sourdre dans beaucoup de cœurs hautains le remords de la gloire mal acquise. Je puis toutefois affirmer que l'œuvre du peintre Luminais est de celles que l'estime et l'admiration ne sauraient désapprendre d'aimer.

L'art de M. Luminais appartient à la grande série où l'on ne triomphe jamais si l'on n'a pas pour lutter de robustes épaules. C'est à cette condition seulement qu'on peut attendre et laisser passer les périodes d'égarement semblables à celle d'où nous commençons de sortir. La bourrasque terminée, le public reprend ses sens. Et c'est quand on s'est bien frotté les yeux, et qu'on voit clair autour de soi, qu'on reconnaît combien on s'est trompé en laissant de côté, pour des gens qui ne les valaient pas, des artistes comme M. Luminais, robustes, intègres, sains et forts des meilleures vertus de leur art.

M. H. MOSLER. *Les Derniers Sacrements*. — Composition d'un sentiment moins profond peut-être que l'*Enterrement à Villerville*, d'Ulysse Butin, mais où l'artiste a su mettre assez de morne tristesse pour que sa toile reste saisissante. Un escalier de pierre, qui a pied dans la rue, monte à une pauvre maison de paysan, aux murs humides et gris. Agenouillée sur le seuil de sa pauvre porte, une femme tournée au mur prie les mains jointes, dans l'angoisse de ces grands désespoirs qui emplissent la famille au moment où la mort vient la vider d'un être cher. Un prêtre en surplis, précédé de deux enfants de chœur, descend les marches et regagne l'église. La figure de ce prêtre a été bien écrite dans son air de dignité simple. Un esprit de deuil emplit cette petite scène de vie chrétienne. La clochette tinte dans la main droite d'un des acolytes, pour annoncer au village qu'un des siens va mourir. Et sur ces marches de pierre inculte, on entend le lourd pas des enfants de chœur, petits paysans ensabotés comme disait le moyen âge en racontant les épaisses chaussures des ordres mendiants.

Les Derniers Sacrements n'est pas un tableau marqué par des qualités extraordinaires; mais on y démêle assez de fermeté et de juste sentiment pour en faire éloge à son auteur.

M. FRAPPA. *Magdeleine*. — Ce peintre a voulu prouver qu'il n'est pas seulement le joyeux conteur de goguettes de moines, et qu'il est capable, lui

Laroque. — *La Leçon.*

aussi, d'intéresser par les qualités plastiques de son art. M. Frappa, qui a peint jusqu'ici la parodie de la vie des saints, a voulu cette fois lire ces fameux *Acta* dans le texte même. Et voici qu'il nous raconte Marie-Magdeleine telle qu'on la voit dans la pieuse chronologie, retirée dans sa caverne qui sera son tombeau, « passant les jours et les nuits en prière, tantôt à genoux, tantôt couchée sur le côté ».

Encore qu'il y ait quelque péril à insister beaucoup sur Marie-Magdeleine dans un temps où M. Henner nous en a si souvent et si magnifiquement parlé, il ne faut pas savoir mauvais gré à M. Frappa de son essai de peinture religieuse. Sans doute, sur ce terrain, M. Frappa avait beaucoup à se faire pardonner. Mais sa *Marie-Magdeleine* vaut mieux qu'une simple amende honorable. Et on y démêle assez de qualités de palette pour oser déclarer que si M. Frappa, le Frappa des moines ivres et dévergondés, gagne une indulgence, elle sera plénière.

M. P. QUINSAC. *Esmeralda.* — L'inspiration est-elle venue ici de la petite bohémienne de *Notre-Dame de Paris,* innocente et maligne d'une malice d'enfant, délicieuse apparition à l'allure limpide et claire comme son nom d'émeraude ? Je ne le crois pas. Pour que l'Esmeralda de M. Quinsac nous rappelle l'Esmeralda de Victor Hugo, il lui manque un peu de cette chaste candeur qui fait de la fille de la Sachette une figure si attirante.

Attirante aussi elle est, cette Esmeralda de M. Quinsac, mais d'un tout autre attrait. Le charme qu'elle jette n'est point d'essence pure et séduisant par sa douce naïveté. La petite Djali est bien là pour nous rappeler les brillants chapitres du roman où il est question de Phœbus de Châteaupers, de Claude Frollo et de Gringoire. Mais Djali la chèvre n'est ici qu'un artifice du peintre. M. Quinsac a vu dans cette chevrette aux soies blanches l'accessoire de son épigraphe. Djali n'est point ici la douce compagne de sa maîtresse. Aucun lien ne l'y attache. Elle aussi, comme nous, sent bien que cette Esmeralda est pleine de ressouvenirs de la faunesse d'Henri Regnault qui devint Salomé.

Le rire aux dents, la langueur aux paupières, c'est Esmeralda la danseuse, capable tout à l'heure, dans un accès de caprice oriental, de demander la tête d'un saint Jean quelconque. Toute sa vie s'appuie sur les castagnettes et le tambourin qu'elle tient dans ses longues menottes de gypsie. A ses chevilles entre-croisées, on devine que la danse est toute sa vie. Et ses bras longs et minces comme des membres de sauterelle nous en disent assez long sur le métier de cette jolie fille.

Chaste, elle ne l'est point. On voit à son regard coulant qu'elle aime, à certaines heures, par le tortillement électrique de ses hanches serrées, faire la joie du menu peuple, truands de la Cour des miracles, ou torreros des cabarets de la *calle de Toledo*. Cette Esmeralda est aussi bien Lola, la belle Lola, que Regnault, courant les *tabernas*, allait écouter « chanter avec son beau contralto tendre ces longues complaintes gitanas, ces juguetas interrompues par de grands soupirs filés sur les sons graves, pendant que la guitare brode, avec une grâce exquise, son vieux rythme toujours le même qui vous emporte on ne sait où ».

Assise sur son tabouret arabe, elle sonne des castagnettes et soutient de la voix les trépignements du picador qui danse devant elle sa déclaration d'amour. Mais tout à l'heure, bondissant sur ses jarrets bruns, elle enjambera le banc ou la table, et elle aussi battra le plancher des coups secs de sa mule brodée. La volupté de la danse l'envahit. Ses dents s'écartent sous l'haleine d'un sourire qui monte de l'enfer. Holà! Holà! Holà! Et toutes les mains claquant en mesure, toute la *taberna* va s'emplir d'une musique fauve scandant les trépignements d'Esmeralda dansant cette danse du ventre où excellent les femmes d'Espagne, si expertes dans l'art des allusions drapées, meurtrières.

M. FALGUIÈRE. *Nymphe chasseresse*. — La statuaire moderne peut être divisée en deux classes bien distinctes : la statuaire décorative, et celle où c'est

L'EXORCISME.

l'étude du morceau qui prédomine. M. Falguière ne sera jamais de la famille décorative. Ce qu'il a produit jusqu'ici en fait de monuments publics, son *Château-d'Eau* de Rouen, son *Quadrige* de l'Arc de l'Étoile, son *Gambetta* de Cahors, et son concours pour le monument que Paris va élever à la mémoire du grand patriote, démontrent à peu près définitivement que M. Falguière n'a pas dans l'œil ni dans la main les éléments essentiels de la statuaire décorative. La silhouette ne

H. Burgers. — *Une sœur malade.*

paraît pas faire partie de son entente ordinaire des choses de l'art. Les grandes lignes de synthèse ornementale, qui sont la raison de tout projet de monument, lui font généralement défaut.

En revanche, il voit et manipule avec une dextérité de prestidigitateur toutes les difficultés du morceau. S'il n'a pas la vision épanouie et pleine d'ampleur de Rude écrivant son *Départ* pour un des montants de l'Arc de l'Étoile, il possède à un très haut degré la perception analytique, détaillée, qui met au jour, sous la touche fine d'un pouce alerte et souple, de délicieux morceaux de glaise pétris dans l'illusion du modelé vivant.

On s'étonne parfois que les œuvres définitives de M. Falguière justifient si fréquemment la discussion, alors que ses esquisses nous mordent les yeux d'un charme si vivace, et nous grisent l'esprit d'une liqueur si troublante. C'est que cet artiste, poussé par son turbulent levain de Toulouse, n'est point apparemment un producteur rassis, dont le rêve peut se fortifier et s'affiner au labeur répété des jours et des ans. Les choses se passent en lui un peu tumultueusement, et la sève de l'instinct y règle bien des comptes. L'inspiration en part et monte avec la brusquerie d'une fusée d'artifice, sans grand souci du terme d'arrivée. D'où il advient souvent que M. Falguière écrit sa pensée d'un ton très cavalier avec des hardiesses inouïes qui font frémir et donnent l'idée d'un danger bravé.

Alors on voit l'idée, lancée avec une témérité de main sans égale, passer et nous éblouir à force d'audace et de vivacité. On sent que cette conception ardente et vive doit le meilleur de son prestige à son allure inégale et saccadée d'œuvre de premier jet. Vienne la pondération de la formule définitive que tout artiste doit chercher, peut-être les qualités de dernière main ne compenseront-elles point les brillants défauts de l'ébauche. On devine même que bientôt on regrettera la sensation de vertige qui donnait tant d'attrait à l'esquisse, et appelait sur elle toutes les émotions de la foule. Car M. Falguière est avant tout un maître de l'esquisse, un virtuose dans l'art exquis mais périlleux de ne savoir point parfaire. Sa phrase doit tout son charme à ce qu'elle s'arrête en route, ainsi nous tient en haleine, nous invite à l'invention. C'est même là qu'excelle toute la fière fantaisie de ce talent robuste, que déconcertent et déroutent les règles de l'ordonnancement final.

Jamais mieux qu'en cette *Nymphe Chasseresse*, M. Falguière n'a montré jusqu'à quel point il est expert dans l'art de nous allécher par là peu près d'une sensation. Jamais il ne nous a mieux été démontré que par l'éclat bizarre et le triomphe indécis de cette *Nymphe*, où il ne faut voir en somme que le hardi récit d'un rêve téméraire, combien la gloire de M. Falguière lui vient surtout de la vertu provisoire d'une inspiration rapidement venue et rapidement envolée. Cette jeune personne, qui restera dans l'histoire du Salon de 1884, comme Blondin est demeuré dans l'histoire du Niagara grâce au miracle de son tour de force, nous dit bien nettement cette fois que le talent de M. Falguière n'est jamais aussi bien en point que dans les incartades hasardées et les audaces inquiètes qui sont les promesses de l'ébauche.

Au fond, il importe peu que cette nymphe chasseresse soit ou ne soit point du cortège de Diane. Le titre est là pour voiler la nudité, et rien de plus, je crois. Cette nymphe n'est pas plus une nymphe, que la Diane exposée il y a deux ans n'était Diane. L'une et l'autre sont nées de la même préoccupation plastique. M. Falguière a voulu à deux reprises nous montrer ce que pouvait son ébauchoir

J. DE NITTIS. — *Le Déjeuner.*

si souple, quand il avait à traiter la figure féminine dans la maturité de ses formes, dans le plein des vénustés de son sexe. L'Olympe n'est pour rien ici. Et si cette nymphe a des attaches avec le monde des dieux de la mythologie, c'est par l'énorme diablerie de ses gambades. Voilà certes un exercice d'équilibre qui ne laisse pas d'inquiéter les humains. Et s'il y a quelque chose de surnaturel en cette affaire, le miracle vient à coup sûr de la transgression des lois anatomiques.

Jetée en avant, sur un pied, la jambe droite lancée en arrière à angle droit, cette nymphe fournit une course fantastique. Et puisque M. Falguière n'a rien demandé aux Dieux pour expliquer son cas, nous voilà contraints à chercher la clé de ce mystère dans le monde des gymnastes et des acrobates. Le sculpteur a été séduit par l'idée de fixer une pose comme en trouvent les gens disloqués dès l'enfance. L'extrême distinction dès lors n'est point de rigueur. Aussi cette nymphe dévergondée, à l'œil mutin, au nez « retroussé du côté de la friandise », comme disait le XVIIIe siècle, peut-elle courir sur nous avec l'impétuosité d'un « rat » à la leçon de danse, sans que nous lui tenions rigueur de sa mauvaise tenue et de ses gestes de jeune personne mal élevée.

Bien mieux, nous sommes très amusés de cette chorégraphie familière. Il nous paraît bien que cette jambe droite qui fait socle est d'une fixité un peu lourde, et donne à la statue des airs de mannequin articulé. Peut-être aussi nous faut-il regretter que la moitié inférieure de cette figure ne soit pas agréable de tous les côtés. Mais on ne saurait sans cesse établir des parallèles avec la Diane de Gabies ou celle sculptée par Houdon, d'une main si légère qu'elle ne ferait point fléchir une rose sur sa tige. Et nous sommes résolus à prendre la *Nymphe chasseresse* pour ce qu'elle est, une curiosité d'artiste devant un tour de force comme on en voit dans les cirques.

A ce titre, j'ai hâte de le dire, la *Nymphe chasseresse* est une chose très amusante à regarder. D'autant que par endroits, dans la moitié supérieure surtout, M. Falguière n'a pas fait abnégation de son délicieux doigté.

De la ceinture au col, cette nymphe, un modèle que nous connaissons tous, est un vrai régal pour les yeux épris de beauté vivante. Les modelés du torse sont d'une souplesse ravissante. Les formes en sont écrites par un coloriste raffiné. Si M. Falguière n'a pas un sens précis de la silhouette, il voit en revanche comme personne la tache lumineuse, et sait à miracle la fixer avec le pouce dans le beurré éclatant de la terre glaise écrasée au bon endroit. M. Falguière a l'idéal un peu rond. Ses figures de femme ne sont jamais maigres et longues. Il cherche les dessins tournants et les lignes fondues dans les ouates moelleuses d'une chair bien en point. Sa boulette s'écrase grasse et replète, noyant ses contours dans l'enveloppe de sa voisine grasse et bien nourrie comme elle.

Expert au plus haut degré dans ces procédés du « morceau », M. Falguière restera comme un grand maître de genre. Et l'on conçoit sans peine que la sculpture ornementale et décorative ne soit point celle où il réussisse le mieux.

A. Falguière. — *Nymphe chasseresse.*

Aussi longtemps que les statues de cet artiste voudront demeurer statuettes comme *Diane* et cette *Nymphe*, elles auront, malgré leurs imperfections, un charme incomparable, le charme de l'ébauche enlevée avec brio. Dans le cas contraire, M. Falguière risque fort de se montrer inférieur à ses brillantes qualités natives.

Si j'ai cru devoir insister de la sorte, c'est que M. Falguière est professeur à l'École des Beaux-Arts. Qui dit École, dit tradition, dit quelque chose d'impersonnel. Le type du professeur est l'être impersonnel, l'homme qui sait et récite. Et l'impersonnalité n'est point un simple produit de la volonté! École implique recommencement. Le type du bon élève est le « recommenceur », sage, docile.

Or, M. Falguière est de ceux dont on subit l'intention, et dont on aime la verve prime-sautière. Il n'est point de ceux qu'on «recommence». Il a une méthode de travail qui repose sur des qualités très individuelles. Et il ne paraît pas que ces qualités et cette méthode soient aisément transmissibles par les procédés ordinaires de l'enseignement. Je n'ai pas à porter un jugement prémonitoire sur ce qui sortira de l'enseignement de ce maître. Je crois pouvoir dire, toutefois, que M. Falguière est surtout un artiste particulièrement doué, puisant toute l'essence de son mérite dans un tempérament particulièrement personnel. Comme tel, il est sujet à des inégalités et à des conceptions fantaisistes qui n'ont et ne peuvent avoir de saveur sous d'autres doigts que ses doigts de charmeur.

M. LAROQUE. *Première Leçon.* — Cette mère qui donne à sa fillette, une enfant des forêts comme elle, les premières notions de la flûte de Pan, est un heureux prétexte à un heureux groupement de formes. D'ailleurs, c'est une mine inépuisable pour les chercheurs de beaux effets plastiques que les poses multiples que donnent les rapports de la mère et de l'enfant. En inscrivant des madones dans des frises ou des médaillons, les contemporains des Donatello, comme Maso de Fiesole, ont laissé des œuvres dont l'attrait est toujours vivace, voire en temps d'irréligiosité.

M. Laroque est remonté aux temps païens. Et il a su faire un bel emploi de ses années d'école pour nous donner un groupe plein d'efforts et d'un bon style, digne à tous égards de la mention qui l'a distingué au jour de la distribution des récompenses.

M. JOSEPH DE NITTIS. *Le Déjeuner.* — Quelques jours avant la mort de ce délicieux artiste, on causait chez lui des différents articles qui avaient paru à propos de son exposition de cette année, le *Déjeuner,* la *Gardeuse d'oies,* et son pastel des *Fleurs d'automne.* Le dialogue s'arrêta longuement sur l'article qu'avait publié M. Paul Mantz dans le journal *le Temps.* Il va sans dire qu'on fut d'accord à reconnaître que M. Paul Mantz n'est pas seulement un maître dans l'art de bien dire; il est maître aussi dans l'art de voir juste. Nittis, il n'est pas malséant de le déclarer, avait été très touché par la façon nette dont M. Mantz l'avait pénétré dans son essence d'artiste délicat, et avait dégagé de ses trois tableaux tout ce que sa palette avait voulu y mettre. Et c'est plaisir de rappeler avec quelle éloquence, émue et modeste à la fois, Nittis insista sur l'art exquis de son critique, si habile à marier les plus saines virilités de la précision aux plus délicieuses saveurs du style.

Puisque j'ai la bonne fortune d'être appelé à dire ici ce qu'il faut penser de ce délicieux peintre, si tôt enlevé par la mort vorace, je ne crois pas pouvoir mieux faire que de prendre appui sur les éloges motivés qu'a signés M. Paul Mantz au mois de juin dernier.

M. Mantz met Nittis au premier rang des harmonistes, les artistes qui veulent résoudre le problème de l'art de peindre par les questions de la couleur et de la lumière. Pour tout ce qui concerne la lumière, Nittis a toujours marché en avant. « C'est un délicat qui a du courage », a dit le critique du *Temps,* dont

VUILLEFROY. — Matinée d'été.

l'étude sur le *Déjeuner,* que nous reproduisons ici, doit être citée tout entière :

« Le *Déjeuner* est un tableau capital, un tableau où s'agitent les plus beaux problèmes, où se posent, pour les passionnés, les questions les plus palpitantes et les plus modernes. Une mère et son enfant déjeunent en plein air, dans un jardin; il est midi moins un quart. On sait que le soleil fait rage dans la campagne et, prudemment, on a disposé la table sous de grands arbres, dans un endroit frais, où se sont donné rendez-vous les colorations froides, celles qui vont du bleu au violet en passant par les pâleurs de l'héliotrope. Au fond, la pelouse verte où rit gaiement le soleil, où des canards se promènent dans la lumière; et sur un coin du terrain, à gauche, un petit espace follement éclairé par le rayon joyeux qui, pareil à une flèche, a traversé le feuillage. Ce point, d'un orangé doux, a engendré le tableau, et il l'explique.

« Et, en effet, qu'a voulu faire M. de Nittis? Il a voulu reprendre à sa façon un problème qu'il s'était déjà posé en 1872 dans la *Route de Barletta,* et dont les impressionnistes se préoccupent avec raison, l'admirable problème de la coloration des ombres. Jamais la difficulté n'a été attaquée avec une si belle audace. Le soleil rutilant et chaud ayant mis sa marque fauve en un point du tableau, la gamme des violets bleus envahit toutes les parties restées dans la demi-teinte, et le doux contraste s'organise. Pour préciser son intention, pour la faire comprendre, même aux yeux les plus distraits, M. de Nittis s'est servi du moindre détail. Les canards blancs qui flânent dans la prairie sont heureux, mais combien leur joie serait plus vive s'ils savaient que le peintre, exact à tout dire, a enveloppé leur blancheur d'une teinte légèrement bleuissante! L'artiste a pensé à tout. Sur la nappe qui, dans l'ombre, se colore de reflets lilas, est un compotier de cristal. Un barbare aurait mis dans ce compotier une confiture quelconque. M. de Nittis, habile à tous les calculs, y a inséré une gelée d'orange ou de pâte d'abricot, parce qu'il avait besoin d'une note d'un blond roux pour faire chanter les violets d'alentour, pour exalter au maximum le décor bleu des porcelaines où le thé sera servi tout à l'heure. Ainsi rien n'a été oublié, et l'on découvre partout des ruses savantes. C'est véritablement un déjeuner de coloriste. »

Coloriste en effet, Nittis le fut au plus haut point; et cela, parce que tout en considérant la couleur comme un condiment essentiel de l'art de peindre, il ne se méprit jamais sur le véritable esprit de la couleur. Il savait et il a prouvé que la couleur n'existe pas dans la nature à l'état absolu. Il n'y a entre les choses que des tons, des nuances, des colorations. Ces colorations n'ont point d'existence isolée. Ces colorations qui sont la couleur, n'ont de vie et de signification qu'à la condition d'être expliquées par une brosse comme celle de Nittis, habile à solfier la gamme des valeurs, et savante dans l'art de montrer ce que nous appelons la

H. MOSLER. — *Les Derniers Sacrements.*

couleur, dans ses rapports de voisinage, dans le rayonnement suave et doux de son enveloppe de lumière diffuse. L'énorme mérite de ce peintre fut de ne jamais triturer sur sa palette aucune des couleurs trouvées dans les tubes de sa boîte sans les subordonner primitivement aux nuancements infinis de la lumière environnante.

D'où l'attrait puissant et très décisif de son talent. Virtuose délicieux et robuste, il savait ainsi faire chanter dans ses cadres toutes les mélodies de l'air lumineux. La vibration est telle qu'il semble par moments qu'on entend sa peinture en même temps qu'on la voit, tant il avait connu une façon de frapper la

LE SALON DE PARIS ILLUSTRÉ.

toile et d'y poser un ton qui la faisait retentir sous la brosse. Et c'est par cette virilité des cadences harmoniques qu'il réussissait à donner l'histoire de chacun de ses tableaux.

Ce *Déjeuner* est rempli d'une éloquence familière tracée en termes très précis, et très simples aussi. Il fait beau, le temps est superbe, le ciel brille de tous les feux de l'été. Et tout le monde est heureux; les bêtes, elles aussi, qui se dandinent là-bas au fond, sur la pelouse baisée par les lèvres ardentes du soleil

D. CAUCANNIER. — *Ève*.

de midi, nous disent qu'il fait bon vivre autour de cette table, où déjeunent des gens heureux, heureux du bonheur intime de la maison.

Et ces heureux, qui sont-ils ? La famille du peintre, sa femme et son fils.

Heureux alors, mais dans le deuil depuis. Le crêpe de la mort a recouvert cette toile, intime récit de la joie familiale. Car cette chaise qui est là, vide, au premier plan, c'est celle de Nittis. Le tableau fini, le *Déjeuner* terminé, il s'est levé de table, laissant sur un coin de la nappe sa serviette jetée négligemment. Pourquoi tant de hâte? Il va revenir. Non. La mort lui faisait signe. C'est un rendez-vous où l'on demeure. Elle s'était promis, ce jour-là, d'être bien bête, bien inepte, bien brutale aussi. En passant au-dessus de la maison de Nittis, à l'heure de midi, le midi de la gloire, le zénith du bonheur et de l'espérance, elle s'est dit qu'elle ne trouverait pas de longtemps l'occasion de faire d'aussi bonne besogne. Et elle a bien fait son métier en vidant ce siège où Nittis travaillait pour l'honneur de son siècle et pour la joie de ceux qui l'aimaient.

C'a été pour Paris une douloureuse surprise que cette mort soudaine, si inattendue, si rageusement hâtée. La vie se brise donc comme une feuille qu'on arrache? L'arbre était robuste pourtant. Nittis était jeune, vivace. Le voilà parti, enlevé, tué raide comme par un obus, en plein combat, en pleine victoire, emporté, disparu subitement sans qu'on ait eu autour de lui à souffrir de la triste douceur des adieux éternels dont parle Gautier.

La veille encore, on dînait gaiement à Saint-Germain dans le petit jardin vert et penché de la rue de Mantes, le petit jardin du *Déjeuner*. On dînait et tout le monde était vivant à l'ombre du grand parasol japonais planté dans son idole de bronze, abri des bons accueils et des fins propos. Comme toujours, les fleurs semaient la nappe de leurs joyeux caquets, parterre radieux et chantant, où se retrouvait l'éternel et brave sourire de la maison. Ah! la maison de Nittis! Du potage au dessert, les repas y étaient de vraies fêtes des fleurs.

Pauvres fleurs piquées çà et là sur les blancs de la table, dans leurs vases aux mille formes. Nous les avons revues deux jours après, couvrant un noir cercueil fermé sur la tête si bonne et si amie de ce pauvre Nittis. Des larmes avaient coulé sur elles. Et pendant que nous cheminions derrière le corbillard, suivant la funèbre colline du Père-Lachaise, elles aussi étaient toutes tristes, ces fleurettes, bibelots vivants que Nittis aimait, comme un grand frère ses petites sœurs, d'une tendresse câline et dévote. Elles pleuraient; cahotées par les pierres du chemin, elles penchaient leurs têtes fraîches et jolies, comme averties que leur doux ami Peppino était mort et qu'elles devenaient son linceul.

Oui, hier vivant, aujourd'hui mort. C'est ainsi. Mort à trente-huit ans, comme Raphaël, dans la plénitude de la vie et du talent, tout rayonnant d'une gloire exquise, gloire toute faite de sincérité d'art et de visions délicates.

Joseph de Nittis a été, sans contredit, un des artistes les plus merveilleusement doués de ce temps-ci. A le voir, sans cesse occupé à découvrir la vie de l'art dans les moindres choses, et réussir toujours à rendre palpable pour tous cette quintessence qu'il avait en lui, on se prenait à le croire un enfant du miracle.

J. J. Meynier — *La Vérité.*

Son art, si varié, si radieux, était un délicieux mélange de subjectif et d'objectif. Ses sympathies pour le monde extérieur s'étayaient et s'affinaient sur l'aide d'une psychologie de premier ordre et de la plus fine espèce. Nittis a peint la nature civilisée avec autant de sentiment que Rousseau découvrant les beautés de la nature sauvage. Ce que Rousseau avait fait pour les montagnes et les vallées, Nittis l'a fait pour la vie moderne des cités et des milieux animés, avec un éclat qu'il sera difficile d'égaler.

On a dit de Nittis qu'il était au premier rang des impressionnistes. Si c'est être impressionniste que de sentir vivement les choses, d'y mettre du premier coup le langage de la pensée et le geste d'une main prodigieusement subtile et décidée, Nittis, assurément, fut un impressionniste. Je le proclame tout haut et bien fort, pour la plus grande gloire des adeptes de cet évangile, car il fut le plus délicat d'entre eux, et le plus savant aussi.

L'admirable mérite de Nittis, ne l'oublions pas, est d'avoir toujours réussi à terminer, à parfaire les ébauches dont se contentent trop souvent les impressionnistes proprement dits. Il n'eut jamais le courage ou l'audace, comme on voudra, de s'en tenir aux à peu près où tant d'autres, qui croient l'imiter, s'arrêtent et sont bornés. Il est vrai que Nittis ne croyait pas sa tâche accomplie quand il n'était servi que par l'heureux hasard d'une rencontre. Sa formule n'eut dans la cohorte impressionniste un caractère très personnel qu'à force de vouloir tenir la chance pour un moyen et non pour un but. Il ne lui suffit jamais d'avoir devant les yeux un morceau de nature intéressant. Le tableau n'est que rarement écrit tout entier dans le motif qu'on découvre. Copier ce qu'on voit, c'est bien; mais choisir ou préparer ce qu'on doit voir, est peut-être mieux. Il est vraisemblable que Nittis n'atteignit à la puissance d'où il domina un grand nombre de ses contemporains que par l'attrait d'un délicieux instinct de sélection. Le suffrage universel appliqué au choix des sujets est peut-être une erreur. Et il faut savoir un gré infini à Nittis d'avoir toujours réussi à nous ravir au moyen de ce que M. Paul Mantz a appelé des « ruses savantes ». C'est grâce à ces ruses mêmes que Nittis ne fut jamais un artiste dominé par la nature, asservi par un système, mais bien au contraire parfaitement maître de lui et de sa méthode. Aussi bien le voyons-nous, comme dans ce *Déjeuner,* arranger son tableau dehors avant de l'écrire. Ce n'est point par hasard, évidemment, que cette table se trouve à l'ombre de deux arbres, cependant qu'il est midi sur la pelouse. Elle a été portée là, parce que là est le rendez-vous des ombres lumineuses, des « colorations froides », dont parle M. Mantz. Elle est là, parce que, avant de chercher sur sa palette les tons et les valeurs dont il a fait le problème de sa vie d'artiste, Nittis a voulu que ces tons fussent entourés sous ses yeux des accessoires les plus propres à les mettre en valeur. Si ce tableau, qui a été écrit dans une délicieuse note impressionniste, est à la fois une œuvre d'impression et de composition, c'est que, pour le mieux peindre, Nittis l'a auparavant composé sous les arbres de son jardin, en plaçant sous les ombres claires des arbres, des porcelaines, des lingeries, des verres, des gelées d'oranges, propres à accélérer l'effet voulu. Impressionniste, Nittis le fut par l'extrême sincérité de sa vision; mais il fut aussi un artiste complet, par son art de ne point s'abandonner au suffrage universel des sujets, et aussi par la distinction absolue de son exécution.

Parti de Meissonier pour traverser Gérôme, peut-être avait-il trouvé dans ces deux escales de ses études les éléments de la précision qui le distingue de ses coreligionnaires. Puis il avait en lui une divination particulière de la lumière qui l'aida vite à trouver sur les ailes de son propre génie l'appui nécessaire à l'affranchissement définitif. Attiré comme par une sorte de bon vertige vers la vie contemporaine, il avait cédé au charme secret dont une magicienne bienfaisante avait dû enchanter son berceau, ce charme grisant de la lumière qu'il narrait de

PLANCHE XLIV. — La Maison paternelle.

sa voix douce et savait pétrir dans ses bons petits doigts, si agiles au talent, si sincères à la poignée de main.

La lumière! c'est, à bien prendre, tout le génie de Nittis, génie flamboyant et lumineux s'il en fût. Il en parlait comme d'une chose qu'il sentait en visionnaire, aimait comme une idole, et connaissait à fond comme on sait à fond un don qu'on a en soi. La lumière! mais elle était là, vivante sur sa palette, allant, venant, répondant à ses appels, éclairant les veloutés de sa brosse, comme la voie

T.-E. DUVERGER. — *Les Poupées.*

lactée éclaire le velours bleu d'un ciel pur. Dans le plein jour de ses tableaux, la lumière passait, tamisée et sonore comme quelque chose de mystérieusement divin, plus brillant encore et plus vibrant que le grand jour lui-même.

Il en eut une conception vraiment surhumaine. Le soleil, qui n'a souvent que des brutalités ou des rudesses pour d'autres, avait pour lui des nuances et des adoucissements délicieux. Aussi, comme il s'y plaisait dans ces nuances claires! Comme il les aimait, les mille chatoiements de ces demi-tons de la gamme des verts, des roses et des oranges, où sa verve se promenait à l'aise sans fatigue! Pour Nittis, la lumière fut un être principal, non un auxiliaire comme pour les clair-obscuristes. Comme nous l'avons dit à propos du *Déjeuner*, ce déjeuner où tout est bonheur et joie, il entendait retrouver dans la lumière la suprême éloquence des choses et des êtres. Et il se plaisait à y montrer la fin de tout, la vie du monde, l'âme du jour, l'esprit de l'air.

Qu'il fût à Paris ou à Londres, en Belgique ou dans la campagne de Naples, dans les allées du Bois de Boulogne ou à Piccadilly, à Hungerford-Bridge ou sur la place des Pyramides, c'était partout le même rêve qui le hantait, le rêve de la vie traduit par le reflet brillant de la tache. Non la tache crue, vue pour elle-même, isolée, insolente, mais la tache perçue dans son enveloppe de buée remuante, noyée dans le nuage qui baigne l'univers et semble le principe de toute vie, la seule éternité explicable. Cette tache lumineuse, Nittis la voyait flotter dans l'air, suspendue dans la gaze de l'atmosphère comme serait l'âme d'un diamant pouvant flotter dans l'eau.

Doué d'une sensibilité de rétine extraordinairement exquise et acérée, il voyait clair dans tout, devinait tout et transcrivait tout avec une égale force de réalisation. Sa vision plastique du monde était merveilleuse, et sa curiosité, toujours en éveil.

Comme il nous montra Londres par les grands accents de ses gris lourds, il sut aussi nous faire aimer Paris, en nous détaillant le caractère du paysage de ses rues, en nous exprimant la quintessence de ses habitudes, et de ses habitants, en un mot, en nous le montrant par la lumière de ses mœurs autant que par la lumière locale de son climat. En même temps qu'il savait l'atmosphère de Paris, connaissait tous les reflets argentins et ondoyants de son ciel d'opale, il en avait pénétré tout l'esprit et n'en ignorait aucune intention.

L'action de peindre n'est-elle pas une façon de juger? Le portrait, entre autres, n'est-il pas une forme très substantielle de la définition? Or, Nittis, peintre de Paris, de Paris élégant et mondain, du Paris des courses et des allées du Bois de Boulogne, a été le portraitiste de Paris. La définition qu'il nous en a donnée est celle d'un portrait d'artiste qui a saisi son modèle par le trait caractéristique. Les raisons particulières de sa naissance en Italie, de son grand amour pour la France et de ses tristesses quand il songeait aux éruptions gallophobes de ses compatriotes, me sollicitent à insister sur ce fait que, de tous ses contemporains, Nittis fut à ce point le plus empressé de tous à aimer Paris, que personne mieux que lui ne réussit à nous montrer Paris sous la forme animée et pittoresque d'une œuvre d'art vivant.

De prime abord, il est curieux que cet Italien des environs de Naples, de Barletta, ait été le premier à découvrir l'aspect et le mouvement artistique de nos

E.-H. BLANCHON.   *Un fort de la Vallée (Halles Centrales).*

rues. On a dit avec beaucoup de raison que ce jeune Napolitain, débarquant à Paris, avait dû être frappé des moindres détails de notre vie, comme le serait un peintre français voyageant pour la première fois en Orient. Ajoutons que le parisianisme de Nittis a sur l'orientalisme cet avantage immense qu'il a fixé nos mœurs par le trait final d'un style français dans l'art. Nittis a été le plus merveilleux historiographe de son époque. La grande dame dans son coupé de satin et la blanchisseuse, le bras gauche plié et le torse renversé par le panier, ont été peintes par lui avec une égale précision, une égale exquisité de vision, qui feront qu'à telle époque lointaine qu'on verra ces toiles, on les consultera toujours avec agrément. Leur charme et leur sûreté de pratique assurent à tous ces sujets parisiens, écrits par Nittis dans les quatorze premières années de la troisième République, une durée certaine et une valeur constante. Il arrivera pour ses tableaux ce qui arrive pour les flacons de parfums puissamment concentrés qu'on retrouve parfois dans des vieux meubles de famille. La liqueur s'est évaporée. L'odeur ne s'est point éventée. On retrouvera notre Paris actuel dans les toiles de Nittis comme on retrouve nos grand'mères dans le bois odorant de leurs *bonheurs du jour,* tout parfumés de leurs élégances, sentant bon leurs raffinements.

C'est que Nittis fut mieux qu'un Parisien. Nourri de la saveur propre à ces quinze dernières années, il fut en quelque sorte Paris même, Paris dans ses moelles d'être vivant. Il fut Paris comme la lame est l'épée, comme l'extrait du réséda est le réséda. Et il le fut à ce point que son plus grand chagrin dans ses derniers temps fut d'être soumis aux formalités lourdes et lentes de la loi, pour obtenir ses lettres de grande naturalisation. « Des hommes uniques dans leur profession comme Benvenuto, disait le pape Clément VII, ne doivent pas être soumis aux lois. » Nittis moins qu'un autre n'aurait jamais dû avoir à subir les délais exigés pour les gens qui n'ont aucun titre ou aucun service à faire valoir. C'est en vain qu'on argua de son séjour de quinze ans en France, quinze années employées à imprégner notre art national d'une sève nouvelle. Nittis avait créé une École française en France. Néanmoins l'autorité des bureaux put commettre cette ingratitude de laisser mourir hors du grand livre des citoyens français ce peintre qui fut le plus français du monde, qui fut Paris artiste, Paris fait peintre, le plus miraculeusement peintre qui se puisse imaginer.

Nittis mort, c'est l'âme même de Paris artiste qui perd un des siens. Bien plus, c'est la quintessence la plus délicate de l'âme de Paris frappée dans ce qu'elle a de plus raffiné et de plus proche d'elle-même. Nittis s'était à ce point inféodé à la vie parisienne qu'il en a créé l'expression artistique.

Dans cette société délicate, élégante et distinguée du Paris intellectuel, qui, malgré toutes ses erreurs, sait montrer par instants qu'elle est bien la descen-

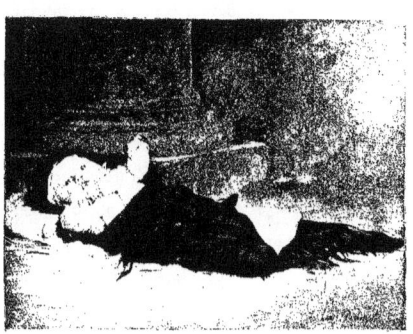

L. Deschamps. — *Recherche de la Paternité.*

dante de la société intelligente du XVIII° siècle, Nittis a été l'homme de toutes les délicatesses du talent, de toutes les élégances de l'esprit, de toutes les distinctions du cœur. Ce peintre, qui, dans la masse noire de nos redingotes, a su démêler les finesses joyeuses à l'œil, fut, il ne faut pas l'oublier, l'instrument d'art le plus admirablement organisé, vibrant à toutes les émotions, résonnant à tous les échos, chantant à toutes les rêveries, avec la facilité, l'aisance et la simplicité de l'étoile qui scintille.

Cet être bon, accueillant, raffiné, dont le cœur battait à l'unisson de toutes les joies ou de toutes les douleurs de ceux qu'il aimait, dont l'esprit était ouvert et souple à toutes les idées nouvelles, est mort.

L'œuvre de naturalisation française commencée par son délicieux talent a été achevée par la mort. Il est mort à Paris, dans le décor de vie où il se plaisait le plus à faire vivre son art. Il dort maintenant à l'ombre d'un sépulcre parisien, ce virtuose délicieux qui a fait chanter dans ses cordes toutes les mélodies de l'air parisien, et qui a parlé de la lumière de Paris avec une si délicieuse éloquence. Paris devait bien le dernier asile et l'eau bénite à ce cercueil où sommeille l'artiste qui l'a le plus aimé.

M. ALBERT FOURIÉ. *Dernier Deuil.* — Sur le seuil d'une masure, une vieille femme, assise, regarde monter vers l'église du village l'enterrement de quelqu'un des siens. M. Albert Fourié, qui avait été très remarqué l'an passé avec sa *Mort de M°°° Bovary,* persiste avec raison dans ses recherches des gris fins échelonnées dans la lumière de l'air enveloppant. Son *Dernier Deuil,* que ce côté technique rend intéressant, est en même temps une toile écrite dans un sentiment vrai de la scène reproduite. Cette lanterne posée là, devant, n'est pas un accessoire futile. Elle ajoute à la couleur locale. On doit aussi remarquer la physionomie vaguement attentive de cette vieille grand'mère, qui a vieilli dans l'ignorance de toute philosophie, et regarde passer la mort avec l'inquiétude indifférente de son âge. La mort n'est plus une chose qui fait beaucoup pleurer les vieilles gens. On dirait qu'ils sont déjà familiarisés avec elle. Non qu'ils l'attendent et la souhaitent. Mais ils ne sont pas surpris par elle. A leurs yeux, elle prend l'allure d'une chose naturelle. Et comme cette vieille qui regarde du côté de l'église, ils l'écoutent comme un bruit vague qu'on entend à côté de soi, mais qu'on ne distingue pas.

M. CAUCANNIER. *Ève.* — Il est rare qu'un Salon ne nous montre pas une ou plusieurs figures d'Ève. Et l'on conçoit ici tout l'intérêt qu'il pouvait y avoir pour un élève de M. Jules Lefebvre à prendre ce prétexte à d'élégants modelés légèrement écrits dans une chair féminine.

M. BULAND. *Mariage innocent.* — Ces deux jeunes enfants qui se promènent dans un paysage tout rempli de fleurs claires nous font faire un délicieux retour vers les primitifs. M. Buland a eu des débuts brillants en demandant ses inspirations à ces bons vieux maîtres d'antan. Pour triompher dans cette voie où tant de sympathies l'accompagneront, il n'a plus qu'à se tenir en garde contre l'esprit de système. Le *Mariage innocent* est une toile tout à fait jolie, où l'on entend comme le murmure frais d'un amour inconscient, dont la chasteté fait encore seule les frais. Il s'en dégage comme une saveur d'arbitraire dans l'interprétation générale de la jeunesse, qui n'a rien que de séduisant. Mais M. Buland touche ici à la limite même où l'arbitraire est vraiment agréable. Un peu plus souligné, serait trop.

M. E. MERY. *Le Moineau parisien.* — Voici le Paris des toits et des cheminées, qui a bien aussi son attrait, et qui a bien aussi son histoire, puisque M. Mery se fait l'historiographe de la famille moineau, cette famille cadette de Gavroche, où l'on tient des discours aux Parisiens de Paris et d'ailleurs du haut

du balcon de nos gouttières. M. E. Mery, qui a fixé son observation dans le domaine de la banlieue des airs, lui qui n'est pas seulement un artiste aimable, mais est aussi un observateur délicat, s'est fait le chroniqueur des dessus de Paris, quelque chose comme le Privat d'Anglemont des toits.

M. N. GOENEUTTE. *Premier Accroc.* — C'est une après-midi de noce. La robe blanche de la mariée, dans la cour du cabaret, à un clou apparemment,

L.-G. Baillours. — *L'Ave Maria.* — *Bergers romains ramenant leurs troupeaux.*

vient d'essuyer son *premier accroc.* Voici de l'esprit un peu téméraire. Fort heureusement qu'il y a toujours dans ce que fait M. Gœneutte de jolis morceaux et des tons joliment notés.

M. SCHOMMER. *Edith et Harold.* — Horace Vernet, qui raconte souvent des histoires de batailles comme un bourgeois devenu colonel de la garde nationale sous le régime du Juste-Milieu, a laissé de ce sujet une esquisse empreinte d'une certaine fougue. M. Schommer, lui, n'a point obéi à une furieuse inspiration. Il a traité cet épisode dramatique comme on ferait un morceau de concours. L'Edith au col de cygne qu'ont tant chantée les poètes de la nation vaincue, n'a rien ici de bien tragique. Ses larmes ne sortent point du sanglot.

Les moines sont deux figures banales. Par contre, les anatomies du cadavre sont savamment traitées.

Je persiste à dire que l'histoire de ces temps regorge de sujets palpitants et où la peinture pourra se tremper avec profit. Mais je persiste à dire aussi que ces temps où notre civilisation classique n'a encore rien démêlé de bien net, mais où voient clair les seuls penseurs qui ont le sens précis de nos origines, ne sont point de ceux où il soit prudent de s'aventurer sans éducation préalable. M. Luminais est, jusqu'à nouvel ordre, l'unique maître qui ait réussi à galvaniser à nos yeux les faits de cet âge puissant.

M. J. GARNIER. *Joyeux Buveurs.* — C'est le xvie siècle qui préoccupe ce peintre. Son *César Borgia* repoussé, non refusé, par mesure de morale publique, nous montre jusqu'où M. Garnier entend approfondir cette époque de survie et de haute graisse. Les *Joyeux Buveurs* sont de braves compagnons de belle humeur, qui vivent les fêtes du ventre que Rabelais va décrire.

M. DAGNAN-BOUVERET. *Hamlet et les Fossoyeurs.* — Si l'on se rappelle le charme exquis qui emplissait la *Vaccination* et la *Bénédiction des Jeunes Époux,* on se demande si M. Dagnan, qui est un artiste si habile à manier la lumière dans les scènes de la vie familière moderne, peut être à la fois un romantique devant réussir dans un sujet à la Delacroix. J'ignore si Delacroix, qui fut si remarquable dans ce sujet d'*Hamlet et les Fossoyeurs,* aurait eu le charme de M. Dagnan écrivant la *Bénédiction des Jeunes époux.* Mais il est certain que chaque âge engendre ses talents; et que si celui de M. Dagnan est si merveilleusement approprié à notre époque, on veut savoir comment son talent pourrait encore s'accommoder aux besoins de la grande époque romantique.

Que M. Dagnan n'ait pas réussi à traduire Hamlet, que sa palette y soit restée froide et que sa brosse y ait passé sans une grande chaleur, il aurait tort de s'en attrister outre mesure. M. Dagnan a tenté une épreuve difficile où l'échec ne lui est peut-être pas absolument personnel. Car il est bon que nous le sachions, nous n'avons rien de ce qu'il faut en ce moment pour bien traduire Shakespeare. Le poète d'Hamlet, de Macbeth, est un gothique, ou mieux un

P.-E. Frère. — *La Soupe*.

humain, vivant dans les traditions naturalistes et générales du moyen âge. Encore que nous en disions, nous sommes des classiques, de terribles classiques. Ce qui est arrivé à M. Dagnan pour son *Hamlet*, s'est reproduit depuis à l'Odéon lorsqu'on y joua *Macbeth*. On n'a pas assez tenu compte de l'éducation des artistes avant de leur confier ces personnages de comédie qui sont surtout des personnages vivants. L'ennui de la représentation vint de ce qu'on ne vit pas clair dans le texte. On n'y voyait pas clair par cette raison que *Macbeth* est écrit dans une langue littéraire qui n'est point celle que nous sommes accoutumés d'entendre employer dans nos tragédies. Corneille et Racine parlent une langue démonstrative et oratoire. Shakespeare procède par exemples et entasse les images. De leur côté, les acteurs n'étaient pas au point pour faire valoir ce texte. Ils ont joué ces personnages du moyen âge en gens du siècle de Louis XIV. Comment faire autrement ? Les traditions de notre Conservatoire sont les traditions classiques, qui datent du XVIIe siècle. Or, les formules à cette époque sont excellentes pour débiter du Corneille, qui est Romain avant d'être Espagnol. Elles sont inexactes appropriées à du Shakespeare qui n'est pas une chose mise en coupe réglée. Tant que l'Angleterre n'aura pas de Conservatoire, elle sera incapable de jouer du Marivaux, mais elle pourra parfois trouver des Kean ou des improvisateurs qui seront à la hauteur du drame shakespearien. Par contre, la France, qui joue si bien du Marivaux ne jouera jamais juste du Shakespeare, à cause même de son Conservatoire.

De même l'*Hamlet* de M. Dagnan n'est pas Hamlet, parce que l'École des Beaux-

Arts est, elle aussi, un Conservatoire où règnent des traditions à l'aide desquelles on fait du délicieux Marivaux en peinture, mais du très mauvais Shakespeare. Encore un coup, le mal n'est point personnel à M. Dagnan. Il est général à tous les Français. Nous sommes trop classiques. Aussi l'*Hamlet* de M. Dagnan est-il un joli damoiseau, qui ne touche au crâne du fou qu'à travers un mouchoir, armorié s'il vous plaît. Sa personne tout entière est tellement correcte qu'on a peine à se figurer qu'il discute en ce moment avec Horatio si la poussière d'Alexandre peut boucher un baril de bière, ou si « l'impérial César, mort et retourné en terre glaise, ne bouche pas un trou pour nous préserver du vent ».

De ce que M. Dagnan n'a pas réussi son *Hamlet* autant que ceux qui aiment son joli talent l'eussent souhaité, il ne faut pas conclure qu'on a tort de tenter des sujets de cette espèce. Le seul fait que nous nous occupons de Shakespeare depuis quelque temps prouve que nous en avons la curiosité. C'est cette curiosité qui nous sauvera du classique outré où nous étouffons, et nous aidera à rentrer dans les voies naturelles où Shakespeare se complaisait, lui, fils aîné du moyen âge. Je dirai même que le naturalisme du poète anglais n'a pas été sans préoccuper beaucoup M. Dagnan. S'il ne l'a pas aidé à faire de ses personnages de vraies figures shakespeariennes, en revanche il lui a inspiré un paysage délicieux. Ne fût-ce que pour ces fleurettes blanches qui sont l'inscription de l'oubli des siècles sur des tombes perdues, il faudrait rappeler que M. Dagnan-Bouveret est un des peintres contemporains dont le bagage artistique est des plus précieux.

M. LOUIS DESCHAMPS. *La Recherche de la paternité.* — Ce poupard roulé dans ses langes d'enfant abandonné qui prend parti de toutes les forces de ses joues roses dans la grosse querelle de la paternité, est une toile très joliment imaginée et très brillamment traitée. A la gaieté du sujet, M. Deschamps a su joindre le brio de la facture. Évidemment, nous avons affaire ici à un artiste qui est à la fois un homme d'esprit et un habile peintre.

M. HECTOR LEROUX. *Collège de Vestales fuyant Rome.* — Il paraît que ce peintre, qui a dit tant de choses déjà sur ces blanches filles gardiennes du feu sacré, n'avait pas tout dit encore. Faut-il s'en plaindre? Non, puisque

Dagnan-Bouveret. — Hamlet et les fossoyeurs

l'aimable archéologue qu'il y a en M. H. Leroux s'est doublé aujourd'hui d'un peintre curieux d'exercer son art en artiste qui n'en méconnaît pas les délicieux artifices.

Par le ton général de clair-obscur gris rose où s'enveloppent ces trois barques emportant ces blanches rameuses loin des agitations de la Rome politique, la scène est écrite dans un joli ton de sérénade. Ce paysage sombre, taché de rouge par l'incendie de la ville, déverse sur cette toile toute la

A.-P. Dumas. — *Coin d'atelier*.

poésie des petites fresques pompéiennes, toujours si harmonieuses et d'une distinction si pénétrante. M. Hector Leroux, qui a trouvé dans le récit des intimités religieuses des vestales le secret d'un art fin et délicat, joue au milieu de nous comme le rôle d'un peintre de Tanagra.

Et maintenant, pour finir, je ne veux pas oublier la *Fin d'un printemps*, petite toile peinte par M. Ch. Durand, simplement, clairement et avec le sentiment qui convient à décorer les petites murailles d'un petit appartement où vivent de petites gens. M. Meynier a repris de son mieux la vieille histoire de la *Vérité* sautant hors de son puits. M. Blanchon, bien connu pour ses décorations de mairies, a envoyé cette année un *Fort de la vallée*, bon document de peinture sage et bien faite. La *Noce interrompue* de M. Denneulin est un amusant fait divers raconté en termes variés et abondants. L'artiste est ici plus voisin de Paul de Kock que de Flaubert; mais après tout, l'observation de l'Homère du lac Saint-Fargeau avait souvent son charme et ne manquait pas de précision. *Prêts à se battre* de M. Castiglione est un joli pendant à la jolie petite scène *Amalfi* mentionnée plus haut. *En observation* de M. Grolleron est, comme *Buzenval,* une bonne étude de la vie militaire, agréablement peinte dans le jeu des gris fins et fondants. Le *Coin d'atelier* de M. P. Dumas est une de ces scènes qui sont assurées de plaire, par le choix même du sujet. La *Soupe* de M. E. Frère est un gentil prétexte à nous montrer un coin de la vie rustique. Le *Dernier Ennemi,* ce loup qui déterre un cadavre et vient apporter l'épilogue des batailles, est un bon morceau de sculpture, une vigoureuse œuvre d'art dont il convient de féliciter son auteur, M. Guillon.

A.-L. Guillon. — *Dernier ennemi.*

CONCLUSION

Maintenant que me voici arrivé au terme de mon excursion à travers ce domaine toujours un peu trop panaché d'un Salon annuel, je ne crois pas avoir beaucoup de mots à ajouter pour une explication définitive. J'ai dit dès la préface comment et en quel endroit je voyais la philosophie de ce Salon de 1884. L'importance que prend parmi nous la technique du métier ayant été ainsi une fois de plus constatée, il me reste à rappeler ce mot de Delacroix : « On est fatalement entraîné à verser du côté où l'on penche. Il faut avec effort se bien connaître et se combattre. Ainsi, en peinture, j'étudie dans les grandes œuvres la pureté des lignes, particulièrement la maestria du dessin, je m'en pénètre, j'admire! Je lutte ainsi contre la propension envahissante de ma palette. »

Cette confession est d'un artiste sincère, enthousiaste, et persuadé que le succès véritable, la vraie gloire, ne résident pas dans le triomphe de la veille, mais dans le progrès du lendemain. Or, en ce moment, la facture a pris un tel empire, la trituration de la pâte a été poussée à un tel degré de magie et de délicieux prestige, qu'on en est venu à tout sacrifier au morceau. La plupart du temps on ne veut voir que lui, et l'on passe aisément condamnation sur l'ensemble pour peu qu'un œil expérimenté découvre en un coin un morceau réussi. C'est l'excès d'une qualité. Ainsi le veulent toutes les réactions. Ce culte de la pâte a été pris et enseigné comme étant la contre-partie de la peinture littéraire. Bravo! Si les peintres avaient persisté dans leur métier de conteurs comme il y a quelque trente ans, force eût été aux gens de lettres de se faire peintres. N'est-ce pas, d'ailleurs, ce qui est arrivé? A l'époque où des centaines de pauvres peintres, tristes imitateurs de Delacroix, faisaient de mauvaises vignettes en couleur qu'on retrouve trop souvent, hélas! dans nos musées de province, des écrivains sont venus, qui, serrant de très près l'importance de la forme, ont mis de la couleur dans les livres, ont allumé dans leurs phrases délicatement serties des mots à effet et bien choisis qui ont rappelé l'attention sur la technique des arts en général.

Actuellement, sous prétexte de nature, on voit trop la matière, et l'on a un peu oublié l'esprit. On est peut-être un peu trop entiché de l'adresse de la main. Personne n'exige que les peintres écrivent des romans ou des histoires. On leur demande seulement de ne pas oublier que la composition est un article de loi qui existe dans le code des arts. Sans la composition, il y a peut-être un morceau, il n'y a pas toujours une œuvre; il y a une toile, et point un tableau; il y a enfin souvent un excellent ouvrier, qui n'est pas toujours un artiste.

Cela tient peut-être à ce que, de nos jours où les peintres ouvriers sont en majorité, on a trop aisément pris le change sur le véritable rôle de la nature dans l'art. On a confondu nature et matière. Sous prétexte de naturalisme, on s'est jeté dans le matérialisme. Et du coup, croyant faire œuvre de maître moderne, on a nié l'interprétation. Ce dévergondage de la morale artistique eut pourtant un bon effet. Il développa au plus haut point les qualités de pratique. Le métier est revenu en honneur. Et les peintres qui auront raison devant l'avenir sont ceux qui, à l'exemple du père Corot, le grand, l'immense Corot, sauront comme lui faire d'après nature. Écoutez-le confesser le secret de son génie, ce bon Corot : « Après mes excursions, j'invite la Nature à venir passer quelques jours chez moi; c'est alors que commence ma folie : le pinceau à la main, je cherche des noisettes dans les bois de mon atelier; j'y entends chanter les oiseaux, les arbres frissonner sous le vent; j'y vois couler ruisseaux et rivières chargés des mille reflets du ciel et de la terre; le soleil se couche et se lève chez moi. »

Soyons fous comme l'était Corot, comme le fut Nittis; soyons fous de cette fantaisie d'interprétation inventive, et non seulement nous serons des artistes, mais aussi des artistes vivants, des artistes modernes. Le moderne est de tous les temps, puisque le moderne est ce qui est vivant.

GARNIER.—Joyeux buveurs.

DENNEULIN. — *La Noce interrompue.*

TABLE

		Pages.
AIZELIN (EUG.)	Marguerite	93
ALLAR (A.)	Jeanne d'Arc	hors texte.
AXILETTE	Portrait de M. Delaplanche	67
BACON	Qui m'aime me suive	63
BAUDOUIN (EUG.)	Dans mon jardin	85
BEAUVAIS (Mme)	Écho	1
BEER	Albert Durer enfant	112
BENNER (E.)	Innocence	41
BERAUD (JEAN)	A la salle Graffard	hors texte.
BERTEAUX (H.)	La jeune Pastoure	37
BERTIER (F.)	La Bouquetière	19
— —	Retour de l'école	99
BERTRAND (JAMES)	Ophélie	11
BLANCHON (E.)	Un Fort de la vallée	169
BOISSEAU	La Défense du foyer	45
BOUCHARD	Namouna	23
BOURGEOIS (U.)	Artémise après la chasse	80

TABLE.

		Pages.
BOURGONNIER.	Danaë	33
BOUTIGNY.	Boule de suif	117
BRILLOUIN.	L'Ave-Maria	175
—	Plaine de Saintonge	57
BRISSOT DE WARVILLE.	La Rentrée	13
— —	Moutons au repos	119
BROUILLET (A.).	L'Exorcisme.	149
BRUNCLAIR.	Un Rêve	107
BUKOVAC.	Une Confidence	123
BULAND.	Mariage innocent.	hors texte.
BURGERS.	Une Sœur malade	151
—	Le Baptistère de Saint-Marc, Venise	43
CAIN (Georges).	Le sculpteur Pajou faisant le buste de Mme Du Barry.	hors texte.
CALLOT.	L'Enfance d'Orphée	hors texte.
CASANOVA.	Un Théologien.	9
CASTIGLIONE.	Amalfi	81
—	Prêts à se battre.	191
CAUCANNIER	Ève	161
CHANTRON.	Après la leçon.	hors texte.
CHARTRAN.	Portrait de Mlle Reichemberg	hors texte.
CHATROUSSE.	La Patrie à travers les âges	hors texte.
CHICOT.	La Mort de Mâtho	51
CHIGOT (A.).	Deuil au retour	105
COESSIN DE LA FOSSE. .	Le Pardon de Ploumanach	hors texte
COLLIN (Raphael).	Été.	hors texte.
COND'AMIN.	Bunon coquette	53
CONSTANT (Benj.)	Les Chérifas	hors texte.
CROISY.	Chanzy	136
DAGNAN-BOUVERET. . .	Hamlet et les fossoyeurs	179
DANTAN.	Un Atelier de tourneur.	3
—	— de moulage.	29
DAUX.	La Tentation de saint Antoine	hors texte.
DAWANT.	Saint Vincent	109
DEBRAS.	Joueurs d'échecs	97
DELACROIX (E.)	Lavandière	59

TABLE.

		Pages.
DELAHAYE (E.)	L'Usine à gaz	hors texte.
DELAPLANCHE	La Sécurité	16
—	Aurore	hors texte.
DENNEULIN	La Noce interrompue	187
DESCHAMPS (L.)	Recherche de la paternité	171
DUMARESQ (Armand)	Lecture de l'Annuaire	137
DUMAS (A.)	Coin d'atelier	181
DUMILATRE	A la Fontaine	hors texte.
DURAND (C.)	Fin d'un printemps	139
DUVERGER	La Veille du marché	87
—	Les Poupées	167
EDELFELT	En mer	144
ESCALIER	La Bonne Aventure	hors texte.
FALGUIÈRE	Offrande à Diane	133
—	Nymphe chasseresse	155
FOUBERT	Départ pour la chasse	91
FOURIÉ (A.)	Dernier Deuil	hors texte.
FOURNIER	Chansonnier	83
FRAPPA (José)	Marie-Magdeleine	115
FRÈRE (C.-Ed.)	La Névrotomie	31
FRÈRE (P.-Ed.)	La Soupe	177
FRÈRE (Th.)	Le Nil à Nagadi	129
FRIANT	Le Coin favori	73
GARNIER (Jules)	Joyeux Buveurs	147
GAUTHERIN	Le Travail	61
GAUTIER (A.)	Portrait de M. Armand Sylvestre	71
GERVEX (H.)	Portrait de M. Alfred Stévens	27
GIACOMOTTI	L'Innocence	hors texte.
GROLLERON	A Buzenval	25
—	En observation	titre.
GŒNEUTTE	Premier Accroc	173
GUELDRY	La Berge à Nogent-sur-Marne	103
GUILLON	Dernier Ennemi	182
GUILLOT	A la fête de Saint-Cloud	121
HENNER	Christ au tombeau	65
LANSON (A.)	Le Sphinx	5

TABLE.

		Pages.
LAROQUE.	La Leçon.	147
LAUGÉE (D.)	Le Battage des œillettes.	39
—	Les Pèlerins.	128
LAURENS (J.-P.)	Vengeance d'Urbain VI	hors texte.
LE BRUN.	Bacchante.	89
LE COMTE DU NOUY.	Le Marabout prophète.	1
LELEUX.	L'Abreuvoir.	hors texte.
LEMAIRE (H.)	Bambini.	96
LÉONAR (D.)	Après l'Annonciation.	100
LEROUX (Hector)	Vestales fuyant Rome.	hors texte.
LHERMITTE.	Les Vendanges.	hors texte.
LOEWE-MARCHAND.	Le Premier Meurtre.	55
LUMINAIS.	Fuite de Gradlon.	hors texte.
—	Un Possédé.	141
MARIOTON.	Le Travail guide la Fortune.	77
MELINGUE (Gaston)	Le Droit de première nuit.	hors texte.
MÉRY.	Le Moineau parisien.	165
MEYNIER.	La Vérité.	163
MILLET (Aimé).	George Sand	hors texte.
MOREAU DE TOURS.	La Vision.	hors texte.
MOROT (Aimé).	Dryade.	hors texte.
—	El bravo Toro.	125
MOSLER (H.)	Les Derniers Sacrements.	160
NITTIS (de).	Le Déjeuner.	153
OLIVIÉ (L.).	Nouveau-Né dans une ferme.	hors texte.
PERREY.	Jézabel.	48
PRINCETEAU.	Bœuf labourant.	145
PRIOU.	Le Réveil.	35
PUVIS DE CHAVANNES.	Le Bois sacré.	hors texte.
QUINSAC.	Esmeralda.	113
RODIN.	Victor Hugo.	131
ROSSET-GRANGER.	Orphée.	hors texte.
SAINT-VIDAL.	La Nuit	69
SCHOMMER.	Edith et Harold.	hors texte.
SURAND.	Les Mercenaires de Carthage.	75
TATTEGRAIN.	Convalescente.	7

TABLE

191

		Pages.
TRUPHÈME (A.).	Une Leçon de chant.	hors texte.
TRUPHÈME (F.).	Gitane.	21
VAYSON	Le Printemps	hors texte.
VEYRASSAT.	Passe-Cheval.	17
—	Le Relais.	49
VUILLEFROY (DE).	Matinée d'été.	157
WAGREZ.	Sainte Claire d'Assise.	hors texte.
WEERTS	Saint François d'Assise.	hors texte.

CASTIGLIONE. — *Prêts à se battre.*

IMPRIMÉ

PAR

GEORGES CHAMEROT

19, RUE DES SAINTS-PÈRES, 19

PARIS

ALLAR. — Jeanne d'arc

À LA SALLE GRAFFARD

MARIAGE INNOCENT

LE SCULPTEUR PAJOU FAISANT LE BUSTE DE Mme DU BARRY

L'ENFANCE D'ORPHÉE

APRÈS LA LEÇON

PORTRAIT DE Mme REICHEMBERG

PATRIE
Défense de l'indépendance Nationale à travers les âges

LE PARDON DE PLOUMANAC'H

ÉTÉ

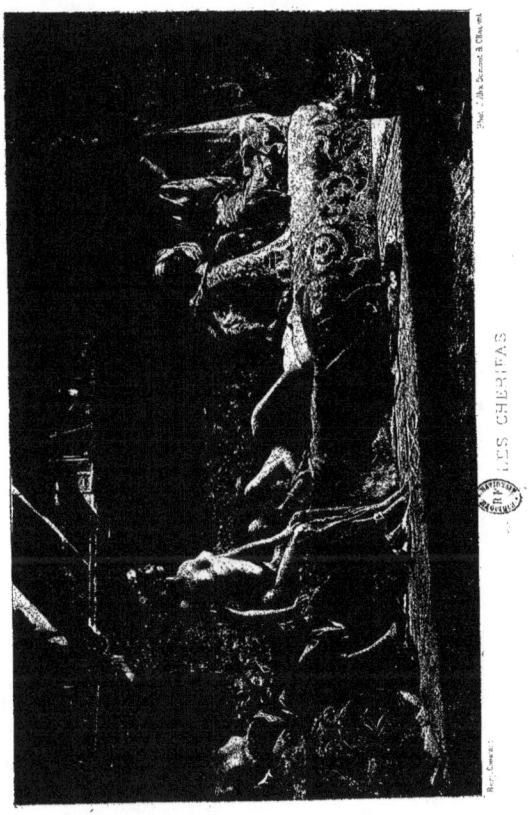

LA TENTATION DE S^T ANTOINE

USINE A GAZ DE COURCELLES

L'AURORE

MONUMENT ÉLEVÉ A LAFONTAINE.

LA BONNE AVENTURE

L'INNOCENCE

L'ABREUVOIR — BRETAGNE

LES VENDANGES

FUITE DE GRADLON

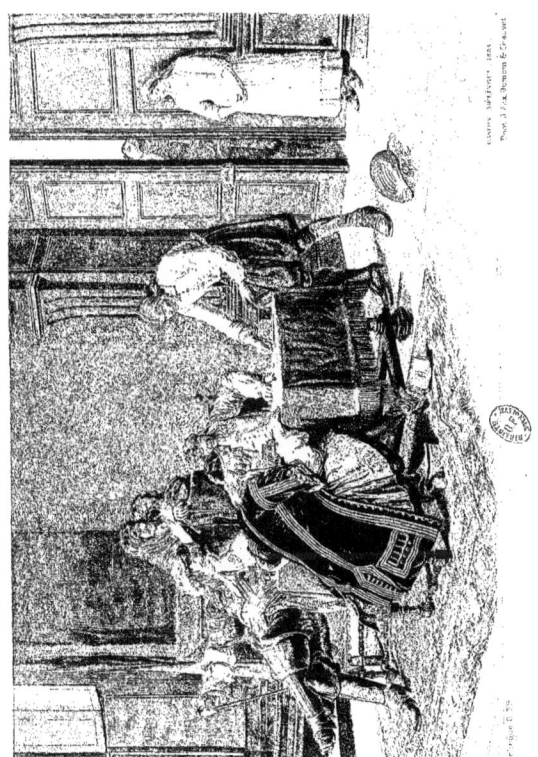

LE DROIT DE PREMIÈRE NUIT

GEORGES SAND

LA VISION

DRYADE

NOUVEAU-NÉ DANS UNE FERME

LE BOIS SACRÉ CHER AUX ARTS ET AUX MUSES

ORPHÉE

EDITH RETROUVANT LE CORPS DU ROI HAROLD

UNE LEÇON DE CHANT DANS UNE ÉCOLE COMMUNALE.

LE PRINTEMPS

SAINTE CLAIRE D'ASSISE

ST FRANÇOIS D'ASSISE

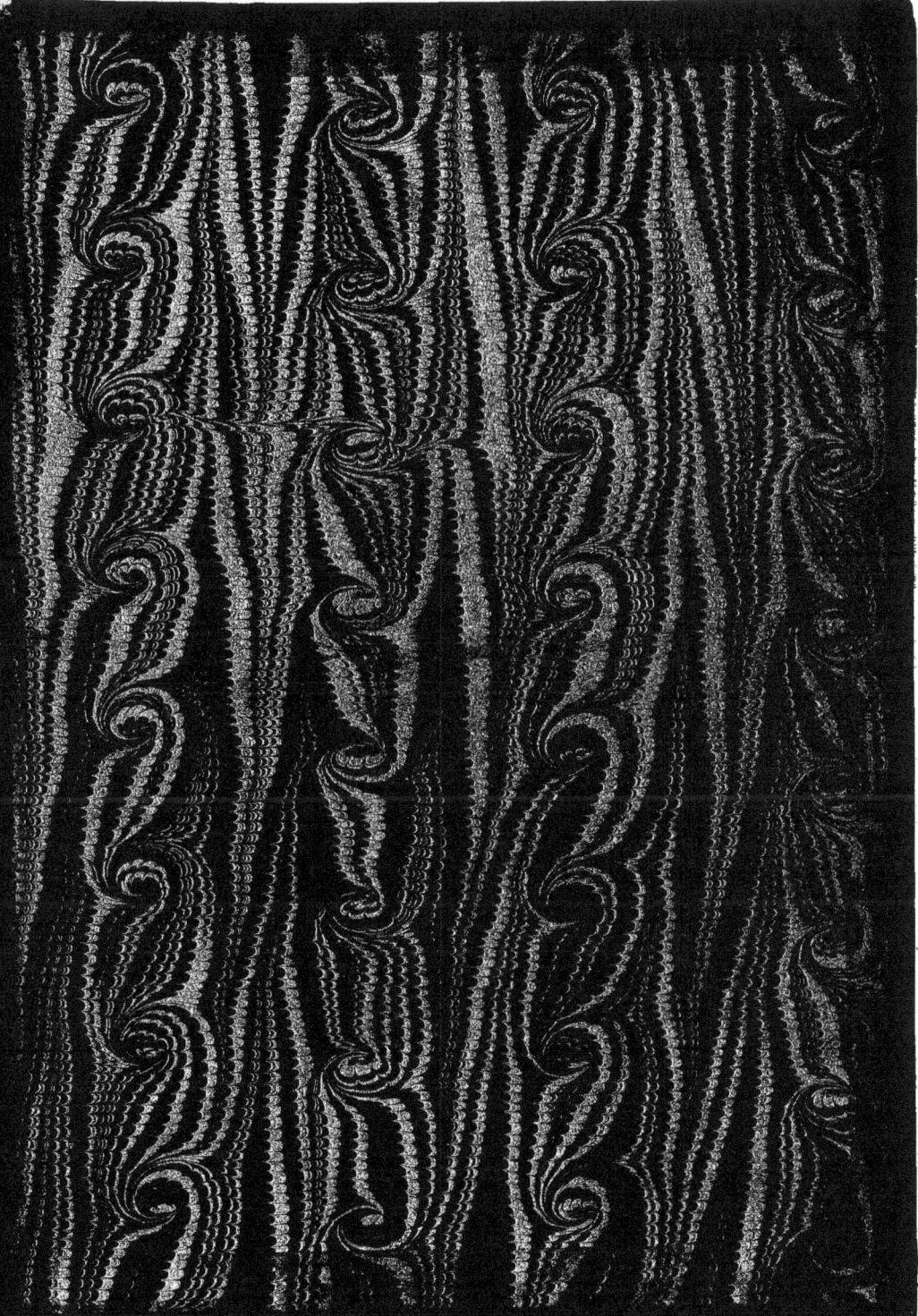